COUPLE COMMUNICATION

커플
커뮤니케이션

커플 커뮤니케이션

초판 1쇄 발행 2021년 4월 10일

지은이 김태련, 전규리
펴낸이 장길수
펴낸곳 지식과감성#
출판등록 제2012-000081호

교정 오현석
디자인 이현
편집 이현
검수 정은지
마케팅 고은빛, 정연우

주소 서울시 금천구 벚꽃로298 대륭포스트타워6차 1212호
전화 070-4651-3730~4
팩스 070-4325-7006
이메일 ksbookup@naver.com
홈페이지 www.knsbookup.com

ISBN 979-11-6552-787-7(03180)
값 18,000원

- 이 책의 판권은 지은이와 지식과감성#에 있습니다.
- 이 책 내용의 전부 또는 일부를 재사용하려면 반드시 양측의 서면 동의를 받아야 합니다.
- 잘못된 책은 구입하신 곳에서 바꾸어 드립니다.

지식과감성#
홈페이지 바로가기

COUPLE COMMUNICATION

커플 커뮤니케이션

김태련, 전규리 지음

커플 매직
couple magic

커플 차트
couple chart

커플 커뮤니케이션
couple communication

커플 파일
couple file

커플 플랜
couple plan

커플 카드
couple card

13년간 5000명 이상의 상담을 통해 만들어진 커플 상담 프로그램

미국 최면협회 최고의 최면 전문가의 커플 라포 프로그램

휴먼차트 마스터 트레이너의 무의식적 커뮤니케이션 커플 매칭 프로그램

나 그리고 사랑

셀프 타입
SELF TYPE

주는 사랑
에너지 타입
ENERGY TYPE

갖는 사랑

해브 타입
HAVE TYPE

선택의 사랑

퍼블릭 타입
PUBLIC TYPE

헌신의 사랑
피스 타입
PEACE TYPE

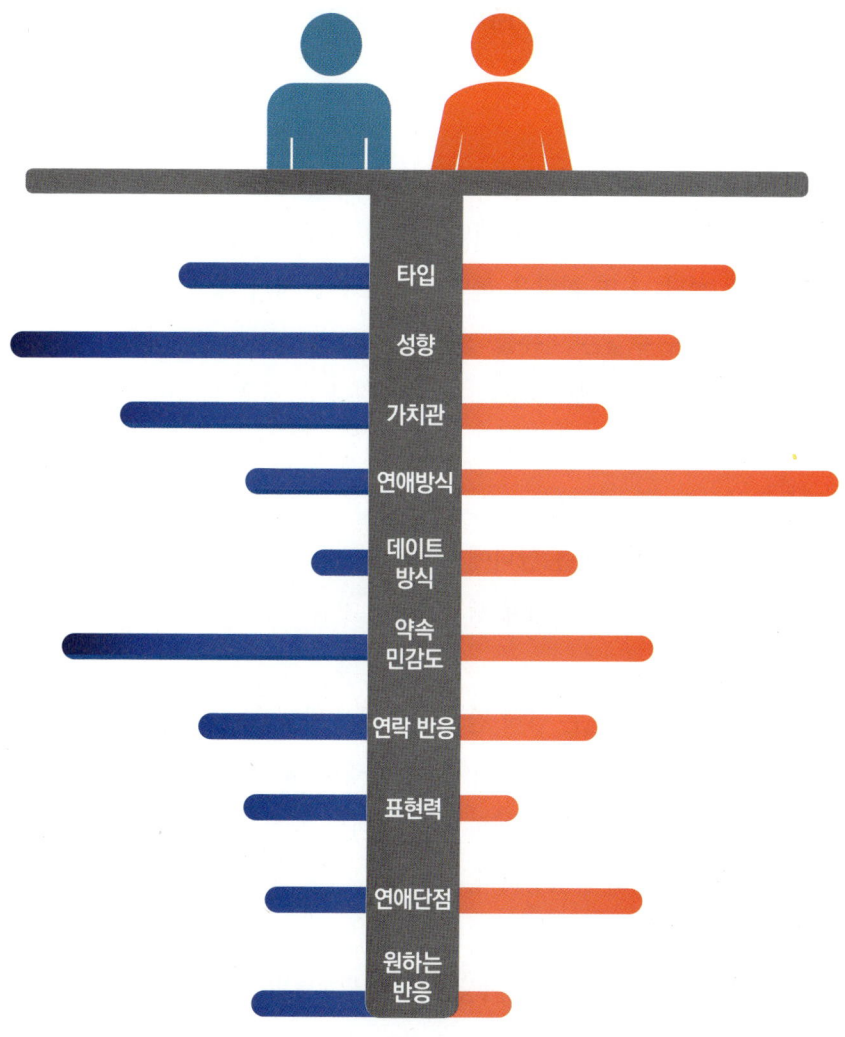

커플 커뮤니케이션 들어가는 말

커플 커뮤니케이션은 다이내믹한 남녀 관계에 대한 서적입니다. 코칭, 심리 상담, 최면 상담을 하면서 프로젝트, 자기 계발, 트라우마(정신적 외상) 등 수많은 이슈를 접하지만 의외로 최대이슈는 연애, 사랑, 배우자, 결혼 등 관계에 대한 이야기입니다. 그것은 본능이며 미래의 동반자, 삶과 질을 좌지우지하는 가장 밀접하고 중요한 부분이기 때문입니다.

참으로 재미있는 것은 남녀에 대한 이슈는 겉으로는 터부시하면서도 내부적으로는 가장 중요하게 생각한다는 것입니다.

커플 커뮤니케이션은 남녀 간의 관계에서 발생하는 역동적인 라포르(심리적 친밀감)에 특화된 서적이지만 사랑(관계, 역할, 대화)은 이래야 한다, 저래야 한다는 식의 이론 서적이 아닌 체계적 구성의 특화된 프로그램으로 구성되어 있습니다.

서로 간의 보이지 않는 형이상학적인 큰 개념의 가치관,
신념, 경험, 해석, 의도 등을 드러내어 공유하도록 합니다.
그리고 그것은 반드시 눈에 보이는 구체적인 노력과 언어적 요소, 행동으로 나타내도록 합니다.
커플 커뮤니케이션을 통해 스스로를 알고, 상대를 알아가며 최적의 조화와 균형을 갖추도록 합니다.

충만함이 가득한 일상과 행복한 일생을 함께하기 위해
커플 커뮤니케이션은 관계와 사랑을 같이 체험하도록 합니다.
아는 것이 아니라 할 줄 알아야 하는 것처럼 말이죠.

당신의 관계와 사랑을 돕는 커플 커뮤니케이션은 읽는 것과 실제 프로세스에 따라 체험하는 것에 상당한 차이가 있음을 알려드립니다. 그렇기에 《커플 커뮤니케이션》은 읽는 책이 아닌 경험하는 책입니다. 심리학을 토대로 13년간 5천 명 이상의 상담을 통해 다듬어진 프로그램입니다.

당신의 관계가 사랑으로 충만한 세상이 되도록 사랑에 머물러 주세요. 《커플 커뮤니케이션》은 당신의 사랑을 돕습니다.

목 차

1부 커플 차트 13
2부 커플 파일 135
3부 커플 카드 175
4부 커플 플랜 223
5부 커플 커뮤니케이션 301
6부 커플 매직 475

커플 차트

커플 성분 측정

커플 차트 연애 성분을 측정하다

커플 차트는 남녀 간의 성향과 사랑의 성분을 측정하는 전문적인 진단 검사지입니다.
관계의 핵심이자 원인이며 시작점을 알 수 있습니다.
누구는 노력하지 않아도 자연스럽게 좋은 인연과 계속해서 연애를 하는가 하면, 누구는 의식적인 노력을 함에도 불구하고
갈등이 일어납니다. 왜냐하면 타고난 성향과 다양한 경험으로 갖게 된 신념, 복합적으로 형성되어 고착된 패턴과 습관 때문입니다.

지금까지는 딱히 남녀에 관련된 전문적인 진단 검사지가 없어
일반적인 심리 검사에서 차용하는 식으로 사용되어왔습니다.
당신의 관계를 돕는 커플 차트는 2천 년 동안 인간의 성격 통계인 10가지의 근본 성향이라는 십성의 토대에 100년 동안 공신력 있게 사용해온 심리 진단 검사와 요즘 이슈로 만들어진 측정 검사를 토대로 13년간 진행한 5천 명 이상의 개인 연애 상담을 더해 다듬어진 진단 검사지입니다.

커플 차트 진단 검사는 총 16가지의 연애 성분을 측정합니다.
우리는 다중 성향, 다중 자아로 복합적인 성향을 가지고 있지만 그중 가장 대장의 역할을 하는 1가지 타입을 찾아낼 것입니다. 우선은 말이지요!
당신의 타입과 당신의 연애 성분을 측정하는 커플 차트를 작성하시기 바랍니다.

1
커플 차트 진단 검사
연애 진단 검사지

커플 차트 커플 심리 진단

110문항으로 12가지 연애 스타일 측정

타고난 성향

노력하는 성향

선호하는 데이트 스타일

선호하는 데이트 환경

표현 스타일

공감 스타일

데이트 방식

생활 방식

분위기를 결정하는 감정 범위

정서적 기준선

연애 중 나타나는 부정적 패턴

상대에게 바라는 반응

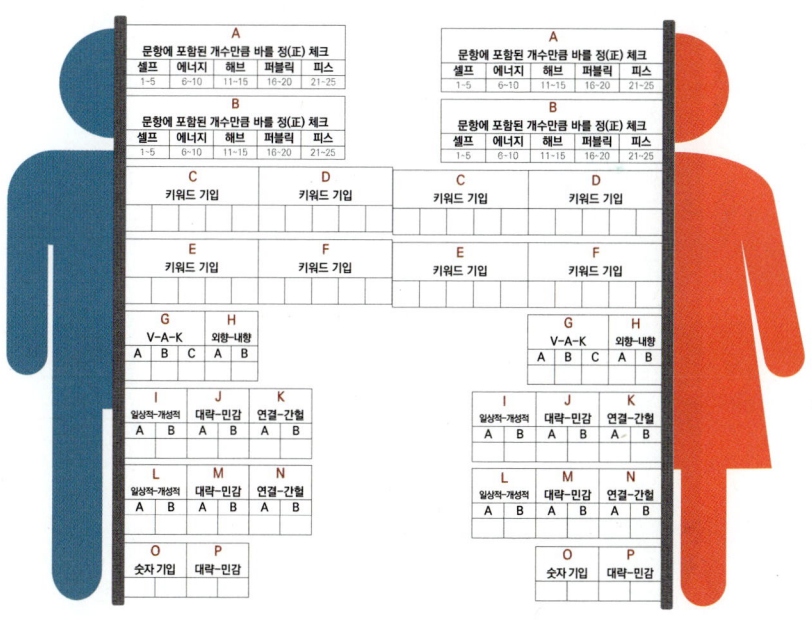

커플 차트 PROFILE

A				
문항에 포함된 개수만큼 바를 정(正) 체크				
셀프	에너지	해브	퍼블릭	피스
1~5	6~10	11~15	16~20	21~25

B				
문항에 포함된 개수만큼 바를 정(正) 체크				
셀프	에너지	해브	퍼블릭	피스
1~5	6~10	11~15	16~20	21~25

C 키워드 기입				D 키워드 기입			

E 키워드 기입				F 키워드 기입			

G V-A-K			H 외향-내향	
A	B	C	A	B

I 일상적-개성적		J 대략-민감		K 연결-간헐	
A	B	A	B	A	B

L 일상적-개성적		M 대략-민감		N 연결-간헐	
A	B	A	B	A	B

O 숫자 기입	P 숫자 기입

커플 차트 PROFILE

A				
문항에 포함된 개수만큼 바를 정(正) 체크				
셀프	에너지	해브	퍼블릭	피스
1~5	6~10	11~15	16~20	21~25

B				
문항에 포함된 개수만큼 바를 정(正) 체크				
셀프	에너지	해브	퍼블릭	피스
1~5	6~10	11~15	16~20	21~25

C	D
키워드 기입	키워드 기입

E	F
키워드 기입	키워드 기입

G		H	
V-A-K		외향-내향	
A	B	C	A B

I		J		K	
일상적-개성적		대략-민감		연결-간헐	
A	B	A	B	A	B

L		M		N	
일상적-개성적		대략-민감		연결-간헐	
A	B	A	B	A	B

O	P
숫자 기입	숫자 기입

커플 차트 진단을 하기 전에

편안하게

이 검사는 개인의 능력을 평가하는 성격 진단 검사가 아닙니다. 개인이 타고난 심리적 성향과 현재 어떤 부분을 어떻게 사용하고 있는지 알아보는 검사입니다.
따라서 좋고 나쁜 것, 우월한 것과 열등한 것을 매기는 것이 아니므로 편안하게 검사에 응해주세요.

솔직하게

자신이 원하는 이상적인 모습 또는 과거에 기준이 아니라 바로 지금 모습에 초점을 두고 현재 내 모습과 가장 자연스럽게 일치되는 행동에 솔직하게 골라주세요.

남성은 남성용 작성표에,
여성은 여성용 작성표에 작성해 주세요.
준비되셨다면 연애 성분을 측정하는 커플 차트 진단을 시작하겠습니다.

A 영역

내가 생각하는 나의 성향을 표시합니다.
10점 만점에 7점 이상일 경우 체크하세요. ✏️

1. 참견을 받는 것이 싫고 나도 그다지 속박하지 않는다.
2. 혼자만의 생각에 잘 빠진다.
3. 나만의 독특한 개성을 존중한다.
4. 친구와 취미에 집중되어있다.
5. 독특하고 엉뚱하다고 생각한다.

6. 자신의 생각이나 감정을 숨기지 않고 표출한다.
7. 감정 기복에 따라 사람을 대하므로 변덕을 부리는 편이다.
8. 사람들이 자신에게 주목하고 다른 사람이 관심을 차지하는 것이 싫다.
9. 생각이 자주 바뀌고 동시에 여러 가지 행동을 하는 편이다.
10. 감탄사와 리액션이 큰 편이다.

11. 목표를 설정하면 성취하기 위해 그 일을 추진해 나간다.
12. 어떤 것에 대해 강한 감정을 생기면 가지려고 행동에 옮기는 편이다.
13. 멋진 표현이나 복장 등에 매우 신경을 쓰는 편이다.
14. 내 의견이 받아들여지지 않으면 언성을 높아지는 편이다.
15. 게임이나 승부에서 경쟁, 승부욕이 강하다.

16. 내 의무를 다하지 못할 때 기분이 나쁘다.
17. 자신과 친한 사람이 무엇을 생각하고 있는가를 의식하고 있다.
18. 이따끔 나는 사람들이 나를 알아주든 알아주지 않든 그들을 위해 큰 희생을 한다.
19. 타인을 배려하고 잘 돌보아주는 편이다.
20. 타인의 요청을 거절하지 못하는 편이다.

21. 솔직히 대접해주길 원한다.
22. 정직하고 온화하다.
23. 정서적으로 안정적이며 쉽게 언짢아하지 않는다.
24. 다른 사람을 너그러이 용서하는 편이다.
25. 주변 분위기 때문에 표현하지 못하고 어쩔 수 없이 희생하는 경우가 많다.

B 영역

*주변 사람이 생각하는 나를 표시합니다.
10점 만점에 7점 이상일 경우 체크하세요.* ✎

1. 상상력이 풍부하다.
2. 자유로워 보인다.
3. 주변 사람들이 특이하고 엉뚱하다고 생각한다.
4. 친구와 취미에 집중되어 있다.
5. 속박을 받는 것이 싫고 그다지 속박하지 않는다.

6. 이성이 나를 재미와 자극적으로 보는 편이다.
7. 한 곳에 집중하기 어려워한다.
8. 남들과 비교했을 때 비교적 여러 가지 일을 동시에 처리한다.
9. 여러 사람과 어울리는 것을 좋아한다.
10. 감탄사와 리액션이 큰 편이다.

11. 게임이나 승부에서 경쟁, 승부욕이 강하다.
12. 은근히 자랑을 많이 한다.
13. 논쟁할 때 쉽게 흥분한다.
14. 어디에 몰입하면 집중력이 강하다.
15. 매우 현실적이고 실용적이다.

16. 상대가 내 마음대로 안 될 때 인내하고 합리화하는 편이다.
17. 비교적 일이 잘못되지 않을까 걱정하는 편이다.
18. 다른 사람들과 협력하기를 좋아한다.
19. 세세하고 꼼꼼하다.
20. 친절하고 양보를 잘 해준다.

21. 예의가 있고 보수적이다.
22. 정직하고 온화하다.
23. 정서적으로 안정적이며 쉽게 언짢아하지 않는다.
24. 다른 사람을 너그러이 용서하는 편이다.
25. 고지식한 편이다.

C 영역

자신의 가치관과 똑같거나 가장 비슷한 키워드 5개를 선택해 보세요.

공헌	기쁨	자기 계발	명성	발전
의무감	협력	다양성	도전	인정
배움	지적 능력	독립성	우정	자율
신뢰성	소속감	변화와 즉흥	권위	충실함
모험	자신감	다양한 관점	자연	육체적 건강
분별	창조성	청렴성	예술	베풂
영향력	목표	내적 조화	부	경제적 안정
앎	공동체	결과	자기 존중	소유
지배	성취	지혜	파급력	장악
용기	친밀함	존경	균형	안정감
전통	질서	경쟁	창의성	정의
명성	승리	개인의 발전	풍요	책임감

D 영역

자신의 가치관과 똑같거나 가장 비슷한 키워드 5개를 선택해 보세요.

규범	높은 퀄리티	소유욕	재능	자신감
표현	목표	겸손	수용	통솔력
현실적	봉사심	지성미	이상주의	물질욕
공감	추진력	집중력	독립성	인간적인 삶
실용적	즉각적 만족	활동성	관계 구축	안정
의무	신중	사회성	분별	삶의 의미
지적 호기심	리더십	포용력	배려	책임감
다양한 경험	지혜	가능성	생산적	결과물
공평성	이타주의	순종	자유	재미
원칙	열정	성실	신뢰	거시적
뚜렷한	명예	초연함	야망	사교성
적극적	독특함	순수함	예의	새로움

E 영역

자신의 가치관과 똑같거나 가장 비슷한 키워드 5개를 선택해 보세요.

공헌	기쁨	자기 계발	명성	발전
의무감	협력	다양성	도전	인정
배움	지적 능력	독립성	우정	자율
신뢰성	소속감	변화와 즉흥	권위	충실함
모험	자신감	다양한 관점	자연	육체적 건강
분별	창조성	청렴성	예술	베풂
영향력	목표	내적 조화	부	경제적 안정
앎	공동체	결과	자기 존중	소유
지배	성취	지혜	파급력	장악
용기	친밀함	존경	균형	안정감
전통	질서	경쟁	창의성	정의
명성	승리	개인의 발전	풍요	책임감

F 영역

자신의 가치관과 똑같거나 가장 비슷한 키워드 몇개를 선택해 보세요.

규범	높은 퀄리티	소유욕	재능	자신감
표현	목표	겸손	수용	통솔력
현실적	봉사심	지성미	이상주의	물질욕
공감	추진력	집중력	독립성	인간적인 삶
실용적	즉각적 만족	활동성	관계 구축	안정
의무	신중	사회성	분별	삶의 의미
지적 호기심	리더십	포용력	배려	책임감
다양한 경험	지혜	가능성	생산적	결과물
공평성	이타주의	순종	자유	재미
원칙	열정	성실	신뢰	거시적
뚜렷한	명예	초연함	야망	사교성
적극적	독특함	순수함	예의	새로움

G 영역

각 문항에서 A와 B와 C 중 선택하세요.

1. 상대를 볼 때 중요한 것은?
A - 옷차림
B - 말하는 태도
C - 좋은 느낌

2. 실제로 중요한 것은?
A - 외모
B - 목소리
C - 감정

3. 사귈 때 중요한 것은?
A - 사귄다고 표시가 나야 한다.
B - 사귀자고 말을 해야 한다.
C - 자연스럽게 사귀는 감정이어야 한다.

4. 사귀면서 중요한 것은?
A - 서로 카톡에 사진을 올려야 한다.
B - '보고 싶다', '좋아한다'라고 자주 해야 한다.
C - 말하지 않아도 서로 알 수 있어야 한다.

5. 원하는 데이트는?
A - 새로운 곳에 가거나 이벤트를 하는 것이다.
B - 사랑스러운 말투로 좋아함을 표시하는 것이다.
C - 손잡기나 자주 스킨십을 해주는 것이다.

6. 주변인들의 반응에 궁금한 것은?
A - 남들에게 보이는 부분
B - 남들이 하는 말
C - 나의 느낌

7. 상대에게 칭찬 듣고 싶은 것은
A - 스타일
B - 언변(말솜씨)
C - 정서적

H 영역

각 문항에서 A와 B 중 선택하세요.

1. 사귀는 첫날이라도 사람들 많은 곳에서 키스할 수 있다.
A - 가능하다.
B - 어렵다.

2. 나는 대체로
A - 내 감정과 느낌을 자유롭게 표현하는 편이다.
B - 감정과 느낌을 표현하기보다는 마음속에 묻어 두는 편이다.

3. 주 6일을 일하고 쉬는 날이다 그렇다면
A - 무조건 만나고 놀아야 한다.
B - 놀아야 하지만 쉬면서 에너지를 충전하고 싶다.

4. 여러 사람과 함께 있을 때, 나는
A - 에너지가 충전되는 편이다.
B - 자주 에너지가 소진되는 편이다.

5. 손을 잡고 걸어갈 때 자신보다 연배 높은 지인을 만난다면
A - 손을 잡은 상태에서 인사한다.
B - 지나친 뒤 다시 손을 잡는다.

| I 영역

각 문항에서 A와 B 중 선택하세요

1. 연애에서 중요한 것은
A - 결과 중심
B - 과정 중심

2. 내가 중요하게 생각하는 것은
A - 가치
B - 의미

3. 헤어지면
A - 완전히 끝이다.
B - 여지는 있다.

4. 어떤 결정을 내릴 때, 나에게 중요한 것은
A - 사실을 검토
B - 감정과 의견을 고려

5. 상대의 집을 데려다주면 왕복 2시간이 소요된다.
A - 시간상 비효율적이라 가끔 데려다줘야 한다.
B - 대부분 데려다줘야 한다.

J 영역

각 문항에서 A와 B 중 선택하세요.

1. 좋아함을 표현할 때
A - 직접적으로 한다.
B - 간접적으로 한다.

2. 나는 평소에
A - 하고 싶은 말을 정확하게 하는 편이다.
B - 하고 싶은 말을 할 때 비유나 예시가 많은 편이다.

3. 나는
A - 완전한 결론을 말한다.
B - 결론을 말하지는 않지만, 의도는 충분히 설명한다.

K 영역

각 문항에서 A와 B 중 선택하세요.

1. 대부분
A – 나는 계획대로 하는 편이다.
B – 상황에 따르는 편이다.

2. 어떤 일을 언제 할 것이라는 계획이 미리 짜였을 때, 나는
A – 그것에 맞추어 다른 계획을 세울 수 있어 좋다.
B – 그것에 얽매이게 되어 별로 즐겁지 않다.

3. 나는 계획에 따라 생활하는 것이
A – 도움이 되기 때문에 대부분의 경우 선호하는 편이다.
B – 때로 필요하다고 생각하지만 별로 선호하지 않는 편이다.

4. 약속이 정해지면
A – 우선순위에 상관없이 지킨다.
B – 우선순위에 따라 변경할 수 있다.

5. 여행을 계획할 때, 나는 대체로
A – 미리 무엇을 할지 정해놓는 편이다.
B – 그날그날 하고 싶은 대로 하는 편이다.

L 영역

각 문항에서 A와 B 중 선택하세요.

1. 더 선호하는 것은?
A - 일상적인 데이트
B - 독특한 데이트

2. 내가 더 존경하는 사람은
A - 전통적이어서 다른 사람들에게 자신을 잘 드러내지 않는 사람
B - 독창적이고 개성적이어서 자신이 드러나도 개의치 않는 사람

3. 내가 선호하는 생활 방식은
A - 다른 사람과 비슷한 일반적인 생활 방식
B - 내 나름의 독창적인 생활 방식

M 영역

각 문항에서 A와 B 중 선택하세요.

1. 약속 시간이 다가오면
A - 신경이 쓰인다.
B - 그저 그렇다.

2. 나는
A - 마지막 순간에 가서 일을 처리하는 것이 불안하고 신경이 쓰이는 편이다.
B - 마지막 순간에 가서 일을 처리하는 것을 좋아하는 편이다.

3. 나는
A - 약속 시간 전 미리 도착해야 한다고 생각한다.
B - 약속 시간 후 20분 정도는 괜찮다고 생각한다.

4. 나는
A - 구두적인 약속도 약속이다.
B - 확실한 약속만 약속이다.

5. 약속 시간을 어기는 사람은
A - 정말 싫다.
B - 그럴 수 있다고 생각한다.

N 영역

각 문항에서 A와 B 중 선택하세요.

1. 연락은
A – 생각날 때마다 연락하는 편이다.
B – 상대의 생활을 고려해서 연락하는 편이다.

2. 연락이 일에 방해가 된다면
A – 그래도 유지해야 한다.
B – 연락을 조절해야 한다.

3. 연락의 빈도수가 적다고 생각 들 때
A – 상대에게 알려준다.
B – 상대가 알아서 할 일이다.

4. 연락은
A – 내가 더 하는 편이다.
B – 상대가 더 하는 편이다.

5. 상대가 연락한 것을
A – 대략 계산한다.
B – 상관 안 한다.

O 영역

자신의 연애 단점 10가지 중 2가지를 선택하세요.

1. 상대 요구에 반응하지 않음
2. 지배받기 싫어함
3. 감정 기복이 심함
4. 쉽게 산만해짐
5. 지나친 몰입(간섭)을 함

6. 참을성이 없고 쉽게 화를 냄
7. 지나친 불안, 앞선 걱정을 함
8. 걱정이나 불평불만을 감추고 있음
9. 문제를 쌓아둠
10. 과거 경험에 신경 씀

P 영역

상대에게 원하는 반응 2가지를 선택하세요.

1. 제 감정을 존중해 주세요!
2. 지시나 강요 말고 제안해줘요!
3. 생각할 수 있는 시간을 주세요!
4. 제가 말하면 비슷하게 맞장구 해주세요!
5. 칭찬과 인정을 해주세요! 그러면 더 잘해요!

6. 우리 대화해요. 수다도 좋아요!
7. 긴 내용은 중략하고 결론을 말해주세요!
8. 제가 잘한 일을 언급해주세요!
9. 자신감 있게 리드해주세요!
10. 큰 틀은 맞추어주세요!

11. 잘 챙겨주면 좋겠어요!
12. 신뢰, 믿음이 중요해요!
13. 속이거나 거짓말은 말아주세요!
14. 큰소리나 강압적이지 않게 이야기해 주세요!
15. 만나면 편안했으면 해요!

2
연애를 결정짓는
5가지 타입
타입별 연애 성향

타입별 연애 성향

커플 차트를 작성했다면 하나의 타입을 선정해야 합니다.
커플 차트는 A 영역부터 P 영역까지 16가지의 연애 성분을 측정합니
다만 그중 8가지는 성향에 관련된 정보입니다.
8가지의 성향 정보는 4쌍으로 분류할 수 있고
4쌍 또한 하나의 정보로 요약할 수 있습니다.

자신이 생각하는 성향
상대가 생각하는 성향
결핍으로 추구하는 가치관과 성향
실제 발휘되고 있는 가치관과 성향
성향으로 발생하는 단점
성향으로 원하는 반응 등 복합적, 통합적으로 되어있습니다.

16가지의 연애 성분 중 8가지가 성향에 관련된 정보인 이유는
그만큼 중요한 원인이며 복합적이기 때문입니다.
8가지의 성향 정보를 가지고 하나의 성향을 판단해야 하지만
진행상 A 영역에 나온 타입을 일반화하여 진행하시기 바랍니다.

이제 자기 타입의 대표적인 특성을 알아보도록 합니다.

셀프 타입
SELF TYPE

셀프 타입 긍정적 특성 positive self type

단순한 성격

단순함은 좋은 면이 많습니다.
과거의 연애 상처를 잊고, 지금의 연애 상대의 허물과 실수를 금방 잊습니다. 아니, 상관없다는 생각을 갖습니다.
그것은 지난 일이고 앞으로가 중요하다는 생각을 갖기 때문입니다.

좋은 친구들이 많음

우정을 중요시 여기고 친목의 비중이 높습니다.
그러다 보니 사람이 따르고 도와주려는 주변 사람이 많습니다.
이벤트를 도와주거나 어려움이 발생했을 때 주변 사람의 도움을 받습니다.

자신만의 컬러가 있음

셀프 타입의 사람들을 보면 무언가 독특한 자신만의 분위기를 풍깁니다. 남들과 다른 자신만의 컬러를 보이고 싶어 하는 이유도 있지만, 자신에게 긍정적이고 낙천적이기 때문입니다.

생각과 행동이 자유로움

셀프 타입은 자유로운 영혼의 소유자라고 해도 과언이 아닙니다. 다른 사람이나 환경의 영향을 받지 않고 자기다움을 내보입니다. 데이트할 때에도 '멀리 가면 피곤하니까'와 같은 생각 없이 "그럼 우리 지금 그 장소로 가자"라고 할 정도로 생각이 자유롭습니다.

상대의 생활을 존중함

연애를 하다 보면 사랑이라는 이름으로 상대 행동에 제약을 거는 경우가 있습니다. 하지만 셀프 타입은 우리도 중요하지만 자신도 중요하기에 상대 또한 무언가 하려고 하는 것을 도와주는 경우가 많습니다. 왜냐하면 자신도 제약받기 싫기에 상대도 제약하지 않기 때문입니다.

셀프 타입 부정적 특성 negative self type

상상 연애

생각하기를 좋아해서 그 생각으로 이상을 꿈꿉니다.
이상적인 환경, 이상적인 상대 즉, 상상 연애가 많습니다.
현실에서 상상했던 것처럼 이상적이지 않을 때 다시 상상으로 빠져 버립니다.

혼자만의 고집이 강함

연애는 혼자가 아닌 둘이 하는 것입니다.
하지만 자신만의 생각에 빠져 고집이 강합니다.
합리적이지도 않고 일반적이지도 않은 자신만의 방식과 고집에 빠져 누가 뭐라고 해도 자신의 고집을 고수합니다.

수동적인 반응

연애를 하다 보면 다툼이나 오해가 생겼을 때 적극적으로
상대의 기분을 풀어주거나 해명해야 할 때가 있습니다.
그러나 아무 반응을 하지 않고 상대의 잘못이나 본인이 중요한 것만 생각하면서 아무런 표현을 하지 않거나 무뚝뚝한 분위기만 풍깁니다.

이성을 보는 눈이 특이해서 연애가 어려움

셀프 타입에게 이상형을 물으면 참으로 단순합니다.
하지만 소개해주다 보면 단순함 속에 미묘한 차이가 있습니다.
그러곤 중요한 부분도 아닌 작은 부분이 안 맞는다며 관계를 차단해 버립니다.

이상적인 이성관으로 현실과의 괴리감이 큼

사람이 착한 것과 인간관계를 잘하는 것과는 다릅니다.
동성에게 인기 있는 것과 이성에게 인기 있는 것은 별개입니다. 착하기는 하나 이성에 대해 자기만이 그려 넣은 환상이 많고 표현이 서툴러 실제로 연애하기가 쉽지 않은 타입입니다.

외향적인 셀프 타입

재치의 소유자
셀프 타입은 엉뚱함이 가득한 타입입니다.
이런저런 생각으로 두뇌 활동 하기를 좋아하기에 아이디어가 많고 독특함을 발휘합니다. 이러한 것에 자신도 만족하고 표현을 하는 데에 있어 엉뚱하고 흥미롭습니다.

하고 싶은 것을 쉽게 함
자신이 하고 싶은 것을 할 뿐입니다. 너무나 단순하고 순수합니다. 생각한 것이나 아이디어를 그냥 하다 보니 주변에서는 '자기 생각을 저렇게 쉽게 행동으로 옮길 수 있을까?'라고 생각합니다.

자유 영혼의 소유자
자유스런 삶을 추구하며 참견이 싫고 참견도 받고 싶어 하지 않습니다. 자기 생각과 감정이 강하여 자신에게 몰두합니다.

남녀 구분 없이 자유로움
일반적으로 상대를 볼 때 이성적으로 보기보다는 '사람'으로 봅니다. 이성이 아니라 인간적으로 보기에 잘 보이려 하거나 사심이 없습니다. 그러니 자유롭고 편안하게 생각하고 행동합니다. 왜냐하면, 이성이 아니라 사람이니까요.

친구와 취미에 집중함
자기의 생각, 감정에 집중되어 있다 보니 자신이 선택한 활동을 하는 비중이 높습니다. 순수한 생각과 활동은 고도의 집중과 많은 비중으로 나타나며 대부분의 생활이 되기도 합니다.

의리가 있고 돈을 잘 씀
순수한 생각과 감정을 가지고 있어 계산적일 수 없습니다.
계산적이거나 실리적인 타입이 아니라 협력하고 친목을 중시합니다. 의리를 지키고 그 마음의 표현으로 계산을 하는 것입니다.

즉흥성이 많음
자유로운 성향이기에 계획보다는 그때그때의 감정과 분위기가 중요합니다. 그때그때 자신이 원하는 것을 할 때 만족합니다.
계속해서 만족감을 느끼려 하고, 그것이 자신이 독특함과 자유로움을 나타내는 것이므로 즉흥성이 많습니다.

내향적인 셀프 타입 extraversion self type

독특함
자신만의 생각과 주체성이 강하고 일반적이지 않습니다.
자기 생각을 고수하기에 독특하고 특이하다는 소리를 많이 듣습니다. 자신은 남들과 달리 독특하다고 생각하며, 남들과 똑같아지는 것을 싫어합니다.

혼자만의 시간을 즐김
어떤 면에서 자신은 자기 자신의 가장 좋은 친구라고 생각하며, 자신에게 질문을 던지고 내면의 대화를 통해 스스로 답하려고 합니다. 생각을 정리, 집중할 수 있도록 불필요한 것을 차단하여 혼자 지내는 것을 좋아합니다.

혼자만의 공간을 좋아함
혼자만의 시간을 좋아해서 혼자만의 공간을 좋아합니다.
아무런 영향을 받지 않는 오로지 본인만의 생각과 정리를 할 수 있기 때문입니다. 유독 혼자서도 잘 지내고 잘 다니는 이유이기도 합니다.

직관력이 뛰어남
사람들의 감정을 잘 알아차리고 감정적 상호 작용을 통하여 더 깊게 이해합니다. 다른 사람의 감정을 마치 자신의 감정인 양 느낄 수 있고 직관적으로 상대의 관점에서 세상을 보고 그들의 감정을 공유하고 이해합니다.

낯을 가림
표현과 행동보다는 생각과 내적 에너지가 강해서 잘 드러나지 않는 타입입니다.
생각이 많고, 깊기에 그것을 쉽게 표현할 수 없습니다.
자신의 생각을 말할 수 있는 환경이나 사람을 만나기 전까지 굳이 에너지를 쓰고 싶지 않기에 낯을 가리는 것처럼 보입니다.

평상시엔 조용하지만 친해지면 활발함
이해되지도, 이해시키려 하지도 않다가 말할 수 있는 환경이나 마음에 맞는 사람을 만나면 어떻게 될까요?
그동안의 에너지를 쏟아내기에 조용한 사람인 줄 알았는데 말이 많은 사람이라고 느낍니다. 또한, 이런 생각을 이해하는 상대나 비슷한 생각을 하는 대상을 만나면 둘도 없는 깊은 사이로 발전됩니다.

셀프 타입 단서 설문지 없이 타입을 파악하고 싶을 때

초식남, 건어물녀

사람 좋고 잘생기고 착한데 이성 친구에 대한 생각 없이 개인 취미를 갖는 남성과 착하고 예쁘고 사람 좋은데 밀린 드라마나 예능 보느라 집순이인 여성은 셀프 타입일 가능성이 아주 높습니다.

연애 전과 연애 중일 때의 말과 행동의 차이가 큼

셀프 타입은 연애를 하면 상대에 대한 마음과 행동에 대한 방식이 대단합니다. 하지만 실제로 연애 초기만 벗어나면 마음만 있을 뿐 실제로 행동하는 면이 약해집니다.

지나간 연애에 후회가 많음

있을 때 잘해주지 못하고, 떠나보낸 뒤 후회합니다.
다음 사랑에서는 정말 잘해줘야지 하지만 막상 사랑을 하고 연애를 하게 되면 과거를 되풀이하는 경우가 많습니다.

미래에 대한 연애 비중이 큼

현실이 아닌 미래에 살고 있기에
미래의 데이트에 대한 환상, 연애에 대한 기대가 많습니다.

특정한 직업이 없지만 꿈이 많음

직장생활을 오래 하지 못하고 프리랜서의 비율이 가장 큰 타입이 셀프 타입입니다. 회사에 다니지만 집중하지 못하고 딴생각을 너무 많이 하거나 사업이 아닌 시간제나 프리랜서만 하려 하는 경우입니다.

선택적인 사회성과 사교성

사회적이나, 사교성에 대해 무심합니다.
사회성과 사교성은 본인이 하고 싶을 때, 하고 싶은 대상이 나타났을 때만 발휘됩니다.

셀프 타입 유의할 점

무반응
셀프 타입은 다툼이나 논쟁에 있어 이기는 경우가 많습니다. 무엇을 해서 이기는 것이 아닌 아무것도 하지 않아서 이기는 방식입니다. 심지어 헤어질 때도 반응을 보이지 않는 경우가 많습니다. 최소한의 반응이나 경우에 따라 호의적인 반응에 신경 써야 합니다.

실제가 없는 계획들
1주년에는, 3주년에는, 여름에는, 겨울에는….
많은 계획으로 기대를 주지만 막상 어물쩍 넘어가는 경우가 많습니다. 웬만하면 계획을 수행하거나 작은 이벤트로 대체할 수 있도록 합니다.

기념일, 이벤트를 축소하거나 무시함
연인 사이에서 이벤트는 대단히 중요하지만, 스트레스이기도 합니다. 하지만 서로 무시하기로 동의한 이벤트(빼빼로 데이, 200일, 400일 등)가 아니라면 기본적인 이벤트(생일, 크리스마스 등)는 신경을 써야 합니다.

귀찮아서 소개를 거절함
해달라고 조르다 막상 소개를 해주면 괜찮다고 하거나
연락을 하다가도 당일 귀찮아서 약속을 취소하는 타입이 셀프 타입입니다. 게으름, 귀찮음을 적극적으로 몰아내야 합니다.

마음은 있는데 자꾸 미룸
연락처를 주고받아 연락을 하려고 하는 남성이나
마음에 드는 남자에게 명함을 받다 연락을 하려는 여성의 경우 계속해서 미루다 시기를 놓쳤다며 포기해 버리는 경우가 많습니다. 전화가 부담된다면 문자나 카톡으로 시작해 보도록 합니다.

개인 스케줄을 먼저 해버림
늦은 점심때라도 점심시간 데이트인데 먼저 점심을 먹는다든지 같이 하기로 하고서는 자기 것을 먼저 해 버리는 행위 등으로 서로의 스케줄을 어긋나게 할 수 있음을 유의합니다.

셀프 타입 개발할 점

편한 복장

셀프 타입은 가까운 사이가 되면 미리 편한 모습의 차림을 보여줍니다. 이러한 행동은 서로의 매력을 떨어뜨리고 성의 없는 모습으로 비칠 수가 있습니다. 편한 사이라 하더라도 서로에게 꾸민 모습은 유지해야 합니다.

편한 말투

목소리에는 생각과 감정이 묻어납니다.
여기서 말하는 편한 말투란 존대를 해야 된다는 것이 아니라 동성을 대하듯 남녀 사이에 이성적인 느낌이 배제된 말투입니다. 남녀 사이에 애틋한 감정이 담긴 말투로 대화할 수 있도록 합니다.

인간적인 관점

남녀 사이에 친구란 존재하지만 연인 사이이면서 상대를 마치 권태기를 겪는 오랜 부부처럼 보는 경우가 많습니다. 인간적인 관점이 아닌 이성적인 관점을 유지하도록 노력해야 합니다.

외모

보여 주는 것은 중요하지 않아서
겉모습은 중요하지 않다고 생각합니다.
혼자라면 개인의 판단이므로 자유이지만 연애는 둘이 하는 것입니다. 외모나 치장에 약한 타입이므로 외모 꾸밈에 신경 써야 합니다.

지금의 상대에게 집중

과거도 허상이며 미래도 허상입니다.
오로지 지금만 존재합니다.
지금에 존재하세요. 지금의 상대에게 집중하세요.
지금의 상대에게 집중하지 못하고 후에 미련이 남지 않도록 말이죠.

에너지 타입
ENERGY TYPE

에너지 타입 긍정적 특성 positive energy type

선택에 개방적

보통은 자기만의 이성을 선택하는 폭이 있습니다.
에너지 타입은 5가지 타입 중 연애 폭이 가장 넓은 타입입니다. 꼭 자기 스타일만 고집하는 것이 아닌 다양한 성향, 스타일, 연령대 등 선택에 개방적입니다.

다음 사랑 찾기

이별을 겪은 후 다음 사랑까지 기간이 긴 경우가 있지만
에너지 타입은 대체로 다른 타입에 비해 짧습니다.
많은 사랑이 있고 기대감과 가능성, 새로움과 변화를 추구하기 때문입니다.

마음에 드는 이성에게 표현

예전 중고등학생이 이성 친구를 사귀는 시선이 곱지 않을 때도 여학생이 남학생에게 고백하는 경우가 있었습니다. 그중 태반이 바로 에너지 타입이라 할 정도로 표현을 잘합니다.

리액션 좋음

언변이 뛰어나고 재미있는 표현과 리액션이 좋아 상대가 기분이 좋아집니다.

인기 많음

흥미로운 활동을 좋아하며, 표현력이 좋습니다.
인맥 형성을 잘하고 남의 일을 자기 일처럼 도와주는 경우가 많아 남녀 모두에게 인기가 있습니다.

에너지 타입 부정적 특성 negative energy type

쉽게 이성을 바꿈
싫증을 금방 느껴 연인 사이에 갈등이 있을 때 화해하려는 노력이 적습니다. 주변에 이성이 많아 쉽게 연애를 할 수 있기 때문입니다. 그로 인해 좋지 않은 소문이 나기도 합니다.

나쁜 이성에 빠짐
다양한 호기심과 경험을 추구하다 보니 위험에 노출되거나 쉽게 휘말리게 됩니다. 나쁜 남자를 좋아하면 나쁜 경험을 하게 되는 당연한 결과에 놓이게 됩니다.

불편함이 얼굴에 드러남
특히 비언어적인 요소에서 숨겨지지가 않습니다.
불편함이 바로 드러날 정도로 표정이 묻어납니다.
조금은 참고 넘어가도 될 부분에도 티가 나서 확전의 빈도수가 높습니다.

동정 얻기 위해 이야기를 퍼트림
이성 친구와 다툼이 있을 경우 동정을 얻기 위해 상대가 불리한 쪽으로 이야기를 퍼트립니다. 너무나 많은 퍼트림으로 주변에서 모르는 이가 없을 정도로 에너지를 쏟습니다.

오지랖
여러 방향으로 에너지 쏟아 쓸데없는 것에 자꾸 관심을 보입니다. 남의 일에 참견이 많고 대인 관계의 비중이 커서 시간이 분산되어 데이트 시간을 뺏기거나 약속을 어기게 돼 신뢰를 잃게 됩니다.

외향적인 에너지 타입 extraversion energy type

연예인 기질
주목받기를 원하고 인기가 많길 바랍니다.
자신보다 남이 더 주목을 받는 것을 좋아하지 않기에
패션, 노래, 재미, 애교 등을 동원해 관심을 집중시키려 합니다.

이성에게 쉽게 접근
누구에게는 마음에 드는 이성에게 인사하기에도 부끄럽고 무섭기까지 합니다. 그러나 에너지 타입은 인사를 안 하는 것이 더 어려운 일인지도 모르겠습니다. 그냥 다가가 대화를 하면 되고 그러면 상대가 반응을 할 것입니다.
안 한다면 더 강한 표현을 하면 될 뿐입니다.

재미있는 표현과 대화를 잘함
재미있는 이야기도 마음에 드는 이성 앞에서는 재미없는 이야기로 돌변하는 경우가 많습니다. 그런데 외향적인 에너지 타입은 같은 이야기도 재미있게 하고 10분 동안 있었던 일도 1시간을 재미있게 이야기할 정도로 이야기를 잘합니다.

패션 감각 뛰어남
패션 감각이 뛰어날 뿐만 아니라 색상도 화려합니다.
내향적인 퍼블릭 타입, 피스 타입, 셀프 타입과 함께 있다면 단연 돋보이는 패션 감각과 색상을 뽐낼 것입니다.
상황에 상관없이 표현 감탄사와 과장된 몸짓과 언어, 큰 소리로 웃는 게 자연스럽습니다. 눈치를 보지 않고 표현해서이기도 하고 큰 표현으로 주목받고자 하기도 합니다.

개방적
만남에도 개방적이고 성적으로도 개방성을 갖습니다.
본능적이고 짜릿한, 다양한 경험과 느낌을 중요하게 여기기 때문입니다.

내향적인 에너지 타입 introversion energy type

임기응변이 뛰어남

잘못을 했다고 하더라도 이야기를 듣다 보면 합리화가 될 정도로 말솜씨가 뛰어납니다. 총명함을 변칙적으로 활용할 정도로 말이죠.

잡생각이 많음

다양한 것에 관심이 많고 즉흥적이라 잡생각이 많습니다.
여러 가지 일을 처리하는 것에 능하고 다재다능함이 있어 여러 가지 일을 해도 처리할 수 있다고 생각합니다.

얌전한 고양이

'얌전한 고양이 부뚜막에 먼저 올라간다'는 말이 있습니다.
보기에는 얌전해 보여도 끼는 잠재되어 있습니다.
조용하게 잘 노는 타입이라 할 수 있습니다.

감수성 풍부함

감수성이 뛰어나고 예술적 재능도 짙어 다양한 이벤트도 잘 합니다.
다른 타입에 비해 손으로 표현하는 것도 뛰어난 편이라
받는 입장에서는 에너지 타입의 감수성과 표현 실력에 감동합니다.

무엇인가 하는 것을 좋아함

동호회, 모임 등 사람과의 만남이 많고 인정도 많습니다. 그래서 관계 형성을 잘합니다. 조용한데 이성이 밥을 먹자거나 어딘가 같이 가자고 하면 잘 따라가기도 해서 '날 좋아하나?', '호감 아닌가?', '썸이 데이트가 되지 않을까?' 등 오해를 하기도 합니다.

조용하고 활발함이 극과 극으로 나타남

자신의 감정, 상황 등에 따라 조용함과 활발함이 극과 극으로 나타납니다. 나에게 이 정도의 열정과 활발함이 있었나 할 정도로 감정이 극렬합니다.

에너지 타입 단서 설문지 없이 타입을 파악하고 싶을 때

유독 많은 양의 문자, 모바일 메신저, 전화

이성 친구에게 문자나 모바일 메신저를 할 때 많은 생각을 하며 보내는 경우가 있습니다.
에너지 타입은 즉흥적으로 메시지를 보내도 많은 생각을 해서 보낸 것과 별 차이가 없을 만큼 내용도 좋고 잘 보냅니다.
시시콜콜한 일상의 순간에도 연락을 많이 합니다.

의도치 않은 어장 관리

이성과 대화를 잘하고 밝고 싹싹하여 많은 이성과 좋은 관계를 유지하며 지냅니다.
여유가 있을 때마다 지켜보던 이성이 대쉬하거나 소개합니다.
주변에 호시탐탐 옆자리를 노리는 이성 친구들이 많습니다.

쉽게 만나고 쉽게 헤어짐

사람마다 각자의 예쁨과 멋짐이 있습니다.
남자라고 다 똑같은 남자가 아니고, 여자라고 다 똑같은 여자가 아니듯 말이죠. 상냥하고 재미있고 괜찮은 남녀 주변에 다가오는 사람이 많은데 굳이 심각하게 억지로 맞출 필요는 없기 때문입니다. 좋은 것만 취해도 좋으니까요.

이성에게 관심이 없어도 만남

같은 동성끼리 재미있게 놀아도 되고 혼자 밥 먹고 놀아도 되지만 둘이 하는 게 더 재밌습니다. 심심한 것을 좋아하지도 않으니 그 시기에 관심 없는 이성이 만나자고 해도 만나 시간을 함께 보냅니다. 상대가 어떤 마음을 가지고 있긴 하겠지만 본인은 아니니까 별 상관없다고 생각합니다.

이성에게 관심이 없어도 대쉬

다양한 사람 그리고 그 사람들의 이야기들을 재미있어합니다.
또 이야기를 나누다 보면 사귈 수도 있고
사람의 인연은 모르는 거니까요.

변덕이 심함

감정이란 건 그때그때마다 다릅니다.
어제 다르고 오늘 다르고, 1시간 전이 다르고 1시간 후가 다릅니다.
다만 남들보다 폭이 더 크고 솔직할 뿐이라고 생각합니다.

에너지 타입 유의할 점

시기 질투에 유연해야 함

여성의 경우 '여성의 적은 여성'이란 말이 있습니다.
이유는 남성에게 인기 있는 여성은 시기, 질투에 의해서 괴롭힘을 당하기 때문입니다. 인기가 있다 보니 어쩔 수 없습니다.
스트레스를 많이 받을 수 있는데 유연하게 대처해야 합니다.

구설수 많음

얇고 넓은 관계로 많은 관계를 맺다 보니 구설수가 많습니다.
당사자는 그럴 의도가 없어도, 상대방은 그렇게 느끼기도 합니다.
경우에 따라 확실한 표현이나 대화를 하면서 관계의 정의를 내려 자연스럽게 선을 긋는 것도 좋은 방법입니다.

긁어 부스럼

사귈 마음은 없었지만 부정을 하지 않아서 또는,
이성 친구가 있는데 다른 이성과 연락을 주고받다
사이가 꼬여 관계가 복잡해지는 경우가 있습니다.
지금만 생각하지 말고 평소에 유념하시길 바랍니다.

다른 사랑을 꿈꿈

지금 사랑하는 상대가 있다 해도 계속해서 새로움 설렘을 느끼고 싶어 합니다. 지금의 파랑새를 생각하지 않고 먼 파랑새를 생각하는 건 위험합니다.
타입의 특성을 살려 재미있는 연애를 계속해 나가야 합니다.

키워서 떠나보냄

에너지 타입은 주는 사랑입니다.
자기감정에 빠져 너무 주다 보니 상대가 받고 떠나 버립니다.
(영원하지 않다면 언젠가는 떠납니다.)
조건 없는 사랑을 하는 당신이 멋지지만, 모든 것을 주지는 않았으면 합니다.

질투가 행동으로 연결됨

연애를 잘하다 보니 시기, 질투를 많이 받지만 반대로 시기, 질투가 많습니다. 위험한 것은 시기와 질투가 행동으로 연결된다는 것입니다. 다른 사람의 사이를 방해하거나 좋아하는 사람이 다른 사랑에 빠지면 보복을 한다든지 말이죠.
자신의 사랑이 소중하듯, 타인의 사랑도 소중하게 다루어 주세요.

에너지 타입 개발할 점

즉흥적으로 만남 시작

행복의 비결은 갑자기 일어납니다.
모든 감정이 집중된 지금, 갑자기!
내일 후회한다 해도 또 다른 행복이 있습니다.
그로 인해 상대가 가볍게 볼 수 있으니 조금은 조절하길 바랍니다.

공수표 남발

기분이 좋을 때 약속을 남발할 수 있습니다.
막상 약속을 지켜야 할 때 말로 때우려 하고 과장된 약속으로
뒷수습이 안 됩니다. 적당한 선을 지켜주세요.

파트너를 불안하게 함

일도 바쁘고 매일 친구과의 만남 혹은 여러 모임으로 늦은 시간까지
놀다 보니 상대가 불안해하거나 불만을 가질 수 있습니다. 조금은
스케줄을 조절하거나 상대에게 이야기할 때는 축소해서 말하는 지
혜도 필요합니다.

기준이 없음

그때그때 기준이 다르고, 우선순위도 널뜁니다.
중요하지 않은 일에도 꽂히면 거기에 시간, 에너지를 사용해
정작 중요한 사람과의 시간이 부족합니다.
무엇이 중요하고 많은 시간을 투자해야 하는지 생각해주세요.

대결적 논쟁

상대가 한 말꼬리를 잡고 시비, 말싸움, 대결적 논쟁에 빠집니다. 감
정에 빠지지 말고 의도에 집중해야 합니다.
잘 지내고 싶고, 행복해지고 싶은 의도 말입니다.
감정에 휘말려 있다면 말을 줄이거나 잠깐이라도 자리를 피하는 것
도 방법입니다.

해브 타입
HAVE TYPE

해브 타입 긍정적 특성 positive have type

소유욕
원하는 것을 얻을 수 있다고 생각합니다.
원하는 것을 얻지 못했다고 하더라도 시작은 하는 타입입니다.
원하는 상대가 있으면 다가가 자기의 의사를 표현합니다.

집중
시작을 하게 되면 전념하고 열정을 가지며 집중합니다.
상대에게 관심을 받고 환심을 사기 위해서 돈, 시간, 에너지를 사용합니다.

결과
빠른 결과를 내려고 에너지를 집중적으로 사용합니다.
직접적으로 표현하고 확실한 대답을 듣길 원해서 이성을 사귀는 데 가장 뛰어난 타입입니다.

성취
남녀를 불문하고 원하는 이성과 사귀는 확률이 가장 높게 나타납니다. 자극적이고 멋진 이성과의 만남에 대한 욕구가 강한 타입입니다.

주도
자신을 선택한 상대를 주변 사람들보다 우월하게 해주고 싶어 합니다. 항상 신경 쓰며 선물이나 이벤트에 강한 행동 지향적인 타입입니다. 상대에게 풍요로움을 주면서 주도권을 잡으려고 합니다.

해브 타입 부정적 특성 negative have type

겉치레
남들이 보았을 때 좋아 보여야 하므로 사치와 허영이 많습니다. 경제적인 부분이 엉망이라도 외모를 치장하는 데 돈, 시간, 에너지를 아끼지 않습니다. 실속보다는 멋과 분위기를 추구하며 자신을 포장하는 데 많은 에너지를 쏟습니다.

집착
소유욕이 강해지면, 상대에 대한 집중이 집착으로 변질됩니다.
상대에게 다가설 때 직접적이고 집중했다면 그 성질은 환경이 변해도 계속해서 띠기 때문입니다.
장점이 단점이 되면서 자신이 원하는 결과를 내지 못할 때
집착과 무리수를 두며 억지와 강요를 하게 됩니다.

지배
사실 해브 타입은 이성을 사귀는 데 가장 탁월하며, 여성에게 가장 인기가 많습니다. 하지만 이런 장점이 단점으로 바뀔 때 가장 큰 위협으로 다가오기도 합니다.
데이트 폭력을 가장 많이 일으키는 타입이기도 합니다.
소유욕과 지배욕은 종이 한 장 차이라고 할 수 있습니다.

또 다른 소유
욕구와 소유는 채우면 사라집니다.
원하는 이성을 성취했지만, 성취의 욕구는 계속해서 작동되고 있습니다. 계속해서 이런 성취를 충족시키기 위해서 기회만 된다면 소위 말하는 양다리나 일회성 만남을 상대 모르게 하려고 합니다.

속셈이 있는 친절
멋진 이성과 멋진 데이트를 계속하기 위해서는 현재의 상대에게 잘 해줘야 합니다. 하지만 더 멋지고 마음에 드는 이성으로 갈아탈 가능성을 열어두고 소위 '썸'이나 '어장 관리'를 합니다.
그러기 위해서 마음에 드는 이성에게 이성 친구가 있는 것을 숨기며 좋은 모습을 보이는 데 신경을 씁니다.

외향적인 해브 타입 extraversion have type

자신감
자신의 가치를 업적, 능력, 성공과 동일시합니다.
타인보다 능력과 우월함을 느끼길 원하고 더 뛰어나다고 생각하기에 자신감이 높게 나타납니다.

외모 관리
남들보다 뛰어나야 한다는 건 남들이 보기에
좋아 보여야 하고 경쟁력이 있어야 한다는 것입니다.
눈에 보이는 경쟁력이 바로 외모 관리입니다.
해브 타입은 외모 관리가 다른 타입에 비해 월등합니다.

예쁘고 멋진 이성 친구
멋진 외모를 관리하는 건 남보다 우월함을 느끼기 위해서이며
내가 멋져야 예쁜, 예뻐야 멋진 이성 친구에게 대쉬하거나
사귈 수 있다고 생각합니다. 그렇기에 멋지고 예쁘다는 소리를 듣는
이성 친구의 비중이 가장 높은 타입입니다.

상대에게 집중
해브 타입은 능동적으로 원하는 이성에게 대쉬합니다. 사귀고 싶다는 마음을 용기 있게 행동으로 옮겨 사귀게 된 결과입니다. 내 것이기에 관리를 잘 합니다. 잘 챙기고 리드를 했을 때 쫓아오게 하기 위해서 그만큼 상대에게 집중하고 잘 챙겨 줍니다.

장신구
남들이 보기에 좋아 보이는 소유물, 능력, 성공을 통해서 주목받는 것에 집중합니다. 가장 쉽게 나타낼 수 있는 것은 명품, 자동차, 의상 등 패션일 것입니다.
비싸고 좋아 보이는 장신구에 특히 관심을 쏟습니다.

자랑이 많음
외모, 물건, 능력 등 가장 자랑이 많습니다.
여자의 경우 재력 있는 남자 친구를 자랑하거나
남성의 경우 어리고 나이 차이가 많이 나는 여자 친구를 자랑하는 경우 등입니다.

직접적인 표현
표현이 직접적이고 핵심적이며 빠릅니다.
성공의 여부가 즉각적으로 나타나기에 직접적인 표현을 선호합니다.

내향적인 해브 타입 introversion have type

기회를 엿봄
해브 타입은 겟(get) 타입입니다.
내향적이어도 상대의 관찰은 이미 끝냈습니다.
대쉬할 기회를 엿볼 뿐입니다.
조용히 실속을 챙깁니다.

상대에게 기죽지 않음
자신감이 대단하므로 상대가 멋지고, 예쁘고 나이 차이가 난다 해도 관여치 않습니다. 적당한 기회가 생기면 다가가 자신의 마음을 표현합니다. 혹 거절당한다 해도 은밀하게 말했기에 별로 창피하지 않아합니다.

은근히 자랑이 많음
해브 타입은 외향적이거나 내향적이거나 자랑이 많습니다.
그렇지 않은 일도 포장을 잘해 그럴듯하게 말합니다.
스스로 자랑할 게 없다면 지인 자랑이라도 하는 것이 해브 타입입니다.

집중시킴
상대를 혹하게 할 정도로 이야기를 그럴듯하게 잘합니다.
이성 친구를 사귀면 해줄 계획 등을 말하며 간접적인 어필을 하거나 '성적 호기심' 같은 이야기로 이목을 집중시키는 주제를 선택합니다.

안 되면 되게 하라
상대가 별 호응을 보이지 않으면 좀 더 노력하거나
상대가 거절을 해도 포기하지 않는 타입입니다.

좌절하지 않고 진취적
해브 타입이 좋아하는 구호가 있습니다.
'열 번 찍어 안 넘어가는 나무 없다', '안 되면 되게 하라'
해브 타입은 좌절하지 않습니다.
더 노력하면 되고 그 밖에도 이성은 많으니까요.

해브 타입 단서 설문지 없이 타입을 파악하고 싶을 때

충동적인 큰 지출
이성, 본능, 성적인 환상 등에 평소보다 큰 지출을 합니다.
비싼 물건, 이성을 만나는 장소, 상대 환심을 사기 위한 물량 공세 등 갑작스러운 큰 지출이 많습니다.

성공 경험담
이성을 만나면서 경험한 재미난 에피소드 등을 자랑하듯 이야기합니다. 물론 재밌고 은밀하고 야릇하게 말이죠.
남들이 부러워하게끔 성공 경험담 이야기하는 것을 좋아합니다.

유흥을 좋아함
술 담배를 못 한다고 하더라도 기본적으로 유흥을 좋아합니다.
어쩌면 이성을 만나는 분위기, 작업할 수 있는 분위기를 형성할 수 있기 때문인지도 모르겠네요.

대시를 잘함
어쩜 이리 대시를 잘할까요?
하루에도 몇 번이나 할 수 있습니다.
최소한 마음에 드는 상대에게 대시했다고 하니 대시를 정말 잘하는 타입입니다.

헌팅이나 고백을 잘함
남자는 여자의 유혹에 약하다는 것을 알기 때문일까요?
여자는 다가오는 남자 중에 선택을 해야 해서일까요?
남자든 여자든 헌팅도 잘하고 고백도 잘합니다.
물론 승률도 높습니다.

이성을 사귄 횟수
이성을 사귄 횟수를 멋짐의 비례, 예쁨의 비례, 능력의 척도로 생각합니다. 계속해서 자신의 멋짐, 예쁨 그리고 능력을 증명하기 위해 마치 훈장처럼 이성과의 교제를 늘려나갑니다.

해브 타입 유의할 점

여러 명 신경 쓰다 보니 마땅히 한 명이 없음
이 남자도 멋있고 저 남자도 멋있다고 합니다.
저 여자와 사귀고 싶고 이 여자하고도 사귀고 싶어 합니다.
많은 욕심에 정작 마땅한 한 명이 없는 싱글이 될 수 있습니다.

소비 충동이 강함
소유하기 위해서는 소비가 필요하기도 합니다.
본능, 이성, 성적인 욕망이 강한데 그깟 돈이 아깝겠어요?
하지만 재정 상태를 위해 조금의 절제는 필요합니다.

과민 반응
내 남자, 내 여자가 다른 이성에 노출되기를 꺼려합니다.
혹시나 하니까요. 그렇다면 왜 혹시나 할까요?
스스로 그런 마음이 잠재되어있기에 신경이 쓰이기 때문입니다. 모임, 동료, 동호회 등에 참석하지 못하게도 하는데
내 남자, 내 여자는 내 소유물이 아님을 알아주세요.

결정을 재촉함
내 성향이 빠르고 직접적이라 해서 상대도 그런 것은 아닙니다. 스스로 답답하다고 빨리 결정을 내라고 재촉하면 상대는 부담을 느낍니다. 빠른 결정의 장점은 많습니다만 경우에 따라 리듬을 타기 바랍니다.

극명한 태도
좋아하는 이성과 그렇지 않은 이성과의 태도가 극명하게 나타납니다. 불필요한 감정을 사용하지 않고 효율적일 수도 있지만 인간관계는 복합적으로 연결되어있습니다. 이미지, 호불호, 계산적인 태도 등을 주변에서 느끼며 좋아하는 이성의 지인으로부터 좋지 못한 평가를 받을 수 있습니다. 조금의 중도가 필요합니다.

욕구를 채우기 위한 행위
의견의 압박, 사귐의 압박, 스킨십의 압박, 결정의 압박 등
자신의 욕구를 채우기 위한 언행이나 행위 등이 많습니다.
자칫 연애의 순수성을 잃고 욕구를 채우기 위한 행위를 하고 있는 것은 아닌지를 생각해 보아야 합니다.

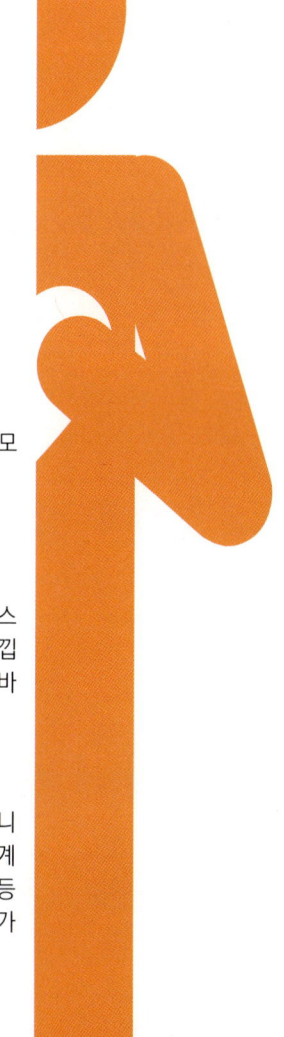

해브 타입 개발할 점

자극만 추구

이성을 만나는 설렘, 스킨십의 짜릿함 등 자극만 추구할 경우 스스로에게도 상대에게도 미안해지는 시기가 찾아옵니다. 공감과 감성 그리고 서로 공유할 수 있는 대화와 시간에 집중해 보세요.

만족 못 함

새롭고 좋은 것은 너무나 많습니다.
물리적으로나 시간적으로나 모든 것을 취할 수 없습니다.
좋은 사람이 곁에 있음에도 소중함을 모를 수 있습니다.
채울 수 없는 욕망은 잘라야 합니다.

허탈함

욕구는 채우면 사라집니다.
치우친 욕망을 채우면 허탈함이 찾아옵니다.
채우면 채울수록 허탈함은 더욱 커질 것입니다.
꼭 채울 필요는 없습니다.

성급함

성급함은 기회를 박탈하고 관계를 빨리 청산하게 만듭니다. 만남의 시작에도 그렇지만 특히 성급함으로 급작스러운 관계를 파괴하는 경우가 많습니다. 좋은 사람, 좋은 관계를 잠깐의 성급함으로 말이죠.

인성의 결함

타인을 배려하지 않는 이기적인 면이 가장 강한 타입입니다.
상대에게 양보하는 것을 패배자로 간주하며 은근히 지배적 성향이 나타나는 것을 경계해야 합니다.

퍼블릭 타입
PUBLIC TYPE

퍼블릭 타입 긍정적 특성 positive public type

안정적
퍼블릭 타입은 사회적으로도, 개인으로도 안정적인 것을 우선시합니다. 반듯하고 건실한 안정적인 타입입니다.

성실함
상대와 함께 하려 하고 자신의 역할에 충실합니다.
연애가 오래돼도 계속해서 노력하며 모범적인 모습을 보입니다.

자기만의 원칙
성실하고 꾸준하다는 것은 자기만의 원칙이 있기 때문입니다.
비슷한 시간에 연락을 하거나, 집까지 데려다주는 등 자신만의 루틴을 갖는 경우가 많습니다. 이런 루틴으로 인해 상대에게 안정감을 주고 한결같은 사람이라는 인식을 주게 됩니다.

준수함
합리적인 생각으로 상대방과 조율을 잘 하며 맞추는 타입입니다. 준수하므로 누구에게 소개해도 무난한 타입입니다.

책임감
사회성이 좋고 주변 사람을 잘 챙깁니다.
서로를 하나의 공동체로 생각해서 배려하고 책임감이 강합니다.

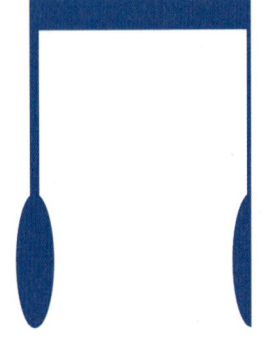

퍼블릭 타입 부정적 특성 negative public type

타이틀에 치중

퍼블릭 타입은 사회적인 명예, 안정이 중요합니다.
자신에게 또는 자신이 충족되지 않을 경우에 상대의 학교, 학벌, 직장 등 사회적인 타이틀에 치중합니다.

셀프 부재

상대에게 지나치게 맞추어주거나 기대에 부응하려 노력하지만 막상 자신의 시간이 없는 타입입니다. 자신을 중요시하기보다는 상사, 회사, 공동체, 상대를 우선시합니다.

속마음을 누름

나와 네가 아닌 공동체의 조화에 신경 씁니다.
내가 싫다고 표현하게 되면 조화를 깨트리고 공동체가 위험을 받는다고 느낍니다. 서로의 조화를 위해 지켜보는 주변 사람을 신경 쓰며 속마음을 계속해서 참고 누릅니다.

뒤에서 투덜대다 폭발함

속으로는 불만이 많고 주변 사람에게 속상함을 말합니다.
그런데 정작 대화를 하고 풀어야 할 상대에게는 말을 하지 않다가 폭발합니다. 상대는 갑작스러운 폭발을 보고 놀라게 됩니다.

근심, 걱정 많음

5가지 타입 중 가장 걱정이 많은 타입입니다.
걱정이 많은 성격이어서가 아니라 실수하지 않으려고 하는 마음, 더 좋은 결정을 해야 한다는 생각, 잘되게 만드는 것에 지나친 책임감 때문입니다.

외향적인 퍼블릭 타입 extraversion public type

좋은 이미지로 호감을 줌

강한 개성은 없지만 딱히 꼬투리를 잡기 힘든 타입입니다.
사회적이고 준수하며 안정적이기에 좋은 이미지로 상대에게 호감을 줍니다.

자신을 나타내는 타이틀(학교, 회사, 명예, 지위 등) 어필

상대에게 어필할 때 자신이 가지고 있는 타이틀로 어필을 합니다.
상대에게 연락을 줄 때에도 명함을 주고 소개를 받을 때 수준이 맞는 곳에서 소개받길 원합니다.

우월감을 표현

퍼블릭 타입은 패션, 경험, 물건 등을 자랑하기보다는
학교, 직장, 직급 등으로 우월감을 표현합니다.
"대학생이에요"가 아닌 "서울대 다녀요"나
"직장인입니다"가 아닌 "삼성전자 다녀요"나
"조그만 회사인데, 지부장이에요"와 같은 식으로 표현합니다.

공개함

서로 믿고 신뢰할 수 있어야 하므로 연인 사이임을 주변에 소개하고 알립니다. 자신의 스케줄을 공개하면서 연락이 안 되는 상황을 없애려 하는 편입니다.

약속을 잘 지킴

신뢰가 중요하므로 약속을 잘 지킵니다.
혹시 못 지킬 경우에는 상응하는 것으로 대체하거나 나중에라도 약속을 지키려 합니다.

잘 도와줌

성실하고 팀워크를 중시하므로 기본적으로 상대를 잘 도와줍니다.
여기에 상대가 더 요구한다고 해도 역시나 잘 도와줍니다.

계획을 수행하고자 노력함

연인 사이에 여행 계획이나, 둘만의 통장 등 둘만의 적지 않은 계획 등을 세웁니다. 부담되고 시간이 걸리는 계획이거나, 상대가 경우에 따라 중단을 해도 계속해서 세운 계획을 수행하고자 합니다.

내향적인 퍼블릭 타입 introversion public type

반듯함

내향적인 퍼블릭 타입은 반듯한 이미지와 분위기를 풍깁니다.
과한 경우 남성은 군인 같은 분위기를 내며, 여성의 경우 반듯한 회사원의 분위기를 냅니다.

감정 조절 잘함

안정을 중시하는 타입이라 안정적이지 않은 상태를 상대에게 보여주지 않으려 합니다. 좋아도 큰 리액션이 나오지 않고, 좋지 않은 일엔 포커페이스를 유지하려 합니다.

이상형이 디테일함

이상형이나 만나고 싶은 사람에 대한 기준이 확실한 편이며 상당히 디테일하기까지 합니다.

눈치를 많이 봄

상대의 반응을 많이 신경 쓰는 편입니다.
이야기하는 도중에 상대에 반응에 따라 말을 줄이거나 바꾸는 등 상대의 눈치를 많이 봅니다.

긴장과 경직

이성 앞에서 잘해보려고 하는 부분에서 긴장이 많습니다.
여성의 경우 말수가 적어지거나, 남성의 경우 재미있는 이야기도 썰렁하게 만들어 버립니다.

딱딱한 말투

처음엔 말을 놓지 못하다가도 시간이 지날수록 자연스럽게 말을 편하게 하기도 하고 말을 편하게 하자고 제안하기도 합니다. 그런데 배려하는 말투에서 편한 말투로 넘어가는 과정이 어렵다 보니 친하게 되기 전까지는 사무적인 느낌의 딱딱한 말투가 계속됩니다. 그래서일까요? 재미가 없습니다.

퍼블릭 타입 단서 설문지 없이 타입을 파악하고 싶을 때

사회성 좋음

무언가를 하면 꾸준히 하는 편입니다.
학원, 운동, 직장 등 성실하게 다니며 사회성이 좋아 원만한 인간관계를 갖습니다.

준수한 이미지

성실하고 반듯한 이미지로 어른들이 좋아하는 타입입니다.
당신을 소개를 해주거나 누군가를 소개를 받을 확률이 높게 나타납니다. 누군가에게 소개하기에 가장 무난한 이유는 흠잡을 때 없는 준수한 이미지 때문입니다.

잘하기 위해 준비성이 좋음

준비에 많은 시간을 할애합니다. 만나기 전에 의상, 헤어, 데이트 장소, 맛집 검색 등 잘하기 위해 많은 준비성을 보입니다.

작은 부분까지 신경을 많이 씀

'전화를 안 받네', '이모티콘을 안 보내고 사무적으로 대하는 거 같아', '메시지가 단답형이야', '아까 그 말에 화났나?' 등 아주 작은 부분까지 신경을 씁니다.

함께 하고자 함

연애는 혼자 할 수 있는 것을 둘이 하려고 하는 경향이 많은데 특히 퍼블릭 타입은 혼자 할 수 있는 것도 둘이 같이 하려 하고, 많은 부분을 함께 하고자 합니다.

세세하고 꼼꼼함

데이트, 여행 계획, 선물 등을 계획할 때 비교 검색을 많이 합니다. 상대가 상품이나 무언가를 물어보면 가격, 품질, 브랜드, 후기, 가성비 등을 세세하고 꼼꼼하게 확인하여 알려 줍니다.

퍼블릭 타입 유의할 점

호구(남성의 경우)
남성의 경우 가장 호구가 많은 타입입니다.
이성에게 관심은 많으나 딱딱하고 재미가 없어 준수해도 여자 친구가 없습니다. 이성이 만나자고 하면 밥 사주고, 계산하고 마음에 들어 하는 이성의 남자 친구 고민도 들어줍니다. 당신은 여성에게 호구가 아닌지 생각해 보아야 합니다.

거절하지 못함
상대를 위한 노력이 지나치게 많을 수 있습니다.
상대의 요구에 거절하지 못해서 자신의 시간까지 뺏기고 많은 부분을 제약하고 있지는 않은지 살펴보아야 합니다.

스스로 힘들게 함
더 잘하려고 하는 마음에 스트레스를 만들고 예민해지는 경우가 많습니다. 의도는 행복하자고 연애를 하는 것입니다.
행복해지려는 본질을 잊고 스스로 힘들게 하고 있는 건 아닌지 유의해야 합니다.

상대에게 역할을 강요
'남자 친구면 이렇게 생각하고 해줘야 하는 거 아냐?',
'여자 친구면 이렇게 생각하고 해줘야 하는 거 아냐?' 하며
상대에게 역할을 강요하고 있지는 않은가요?

인간미 없음
퍼블릭 타입은 현실적, 객관적, 이성적인 요소가 다른 타입에 비해 높습니다. 그렇기에 안정적인 생활을 잘하지만 연애는 욕구이고 감정입니다. 의도치 않게 냉정한 느낌을 줄 수 있습니다.

기브 앤 테이크
자신이 준 만큼 받기를 기대하며 혼자 속상해하고 상처받기 쉽습니다. 조건 없이 줄 수 있을 만큼만 해서 이러한 마음을 줄여나가야 합니다.

퍼블릭 타입 개발할 점

표정 개선

자기 생각을 정리하고 좋은 결정을 하기 위한 신중함은 중요합니다. 하지만 일상생활에서나 평상시에도 그런 표정은 곤란합니다.

편안한 대화

경직된 표정과 조심스러운 말투는 이성에게 어필이 안 됩니다. 단순하고 편안한 대화를 갖도록 합니다.

자기만의 시간 필요

모든 것을 함께 하고 싶은 게 연애이긴 하지만 적당한 자기만의 시간도 필요합니다. 여성의 경우 연애를 하게 되면 친구, 취미, 모임, 자기 계발 등이 거의 없어지는 경우가 있습니다. 거의 모든 것에서 단절되는 상황을 피해야 합니다.

놓아줌

연애는 혼자가 아닌 함께 하는 것입니다.
어떤 문제도 혼자만 노력한다고 되는 것은 아닙니다.
혼자 문제를 끌어안고 해결하려는 마음을 놓아주어야 합니다.

즉흥성

즉흥성은 지금의 감정에 충실하며 집중하는 것입니다.
A에 가려고 했지만, 갑자기 B에 가고 싶거나
지금이 너무 재미있고 행복하면 계속해서 머물러 있는 등
계획대로 하기 위해 지금의 행복을 자르지 않도록 합니다.

피스 타입
PEACE TYPE

피스 타입 긍정적 특성 positive peace type

편안한 이미지
내면의 편안함을 추구하기에 정직하고 온화한 타입입니다.
이러한 성향으로 편안하고 안정적인 이미지가 그대로 드러납니다.

고상함
이미지, 체면을 중시하고 조용하고 편안한 삶을 추구합니다.
고상하고 품위를 지키려 합니다.

윤리관
신뢰할 수 있는 성품으로 윤리관이 강하게 나타납니다.
마음을 잘 주지는 않지만, 마음을 주게 되면 흔들림 없이 주는 타입입니다. 고상하고 신뢰할 수 있는 성품으로 특히 남성이 선호하는 타입이기도 합니다.

누구나 좋아함
편안하고 안정적인 이미지에 예의가 바르고
도움을 청하면 쉽게 도와줍니다.
이러한 성향으로 누구에게나 좋은 이미지를 갖게 합니다.

갈등을 없애려 함
상대에게 도움을 주고자 하는 마음으로 상대나 모두를 위해 자기희생을 하는 타입입니다. 상대의 고통을 내 것이라 느끼는 감정이 강해 상대를 돕고 갈등을 없애려고 합니다.

피스 타입 부정적 특성 negative peace type

불만을 덮어버림

갈등을 회피하고자 문제를 축소하려 합니다.
문제를 확대하거나 갈등을 없애려 하기 때문입니다.
자신보다는 상대의 욕구를 우선하기에 자신의 욕구와 감정을 갖는 것을 이기적이라 생각해서 불만을 덮어버립니다.

온화한 듯하나 우울함

불만을 덮고 감정을 억제하기에 밝은 면이 부족하게 나타납니다. 차분하고 온화하며 밝은 듯 보이지만, 파격미가 부족하며 생각이 많아 본능적인 성향이 약합니다.

상대 요구에 끌려다님

지나치게 상대를 배려하다가 마지못해 묶이는 상황이 많이 발생하는 타입입니다. 남의 요구에 따라 마지못해 양보해서 후회가 많은 타입입니다.

자신의 욕구를 주장 못 함

악역이 될까 봐 간접적인 태도를 취하거나
어렵게 자신의 감정을 표현해도 상대의 반응에 금방 후퇴하는 경향을 보입니다. 감정을 억제해서 표현하지 못해 스스로 결정하기 힘들어합니다.

상대를 질리게 함

피스 타입은 내면적이고 간접적이며 자신보다는 상대의 비중이 큽니다. 그렇게 되면 자신이 아닌 상대에게 기대하며 해결해주기를 바라게 됩니다.
자기의 방식이 아닌 상대의 방식으로 해결하려고 하니 불평불만이 많고 기대하고 의존하게 되면서 차분하고 냉정한 분위기와 함께 상대를 질리게 합니다.

외향적인 피스 타입 extraversion peace type

지적임

피스 타입은 지식, 지혜로 나타나는 타입입니다.
특히 자기가 좋아하는 분야에서 이론이나 지식 등에 많은 시간을 할애합니다. 타인보다 우위에 서려는 한 가지가 있는데 그것은 바로 지식, 지혜이며, 이 타입은 지적인 경우가 많습니다.

품위

따뜻한 표정과 편안한 인상에 지적이기까지 합니다.
인품이 좋고 겸손하기까지 해 품위가 있어 보입니다.

조건 없는 관심

조건 없이 베풀고 상대를 생각합니다.
상대를 그대로 인정해주고 잘될 수 있도록 도우며 조건 없는 관심을 기울입니다.

인정을 더 받음

일관성이 있고 우호적이며 좋은 관계를 형성합니다.
남을 도와주며 자신을 내세우지 않고 기여해 인정을 더 받는 타입입니다.

상대를 도움

상대의 이야기를 잘 들어줄 뿐 아니라 깊이 공감하고 도와주려 합니다. 도움을 청하면 쉽게 도와주면서 반대로 도움을 많이 받는 타입입니다. 항상 주변의 안녕과 안정에 신경 씁니다.

포용력

좋은 게 좋은 것이라고 내가 좀 손해 보면 되기에 웬만한 일은 수용하고 포용합니다. 남성은 교회 오빠 같은 이미지이고 여성은 현모양처 같은 이미지라 할 수 있습니다.

내향적인 피스 타입 introversion peace type

체면에 많은 신경
조용한 곳에서 둘이 있을 때와 공개적인 데이트에서 분위기 차이가 많이 나는 타입입니다. 주변에 폐를 끼치면 안 된다는 생각에 애교나 스킨십에서 소극적으로 표현합니다.

차분한 분위기
능동적이고 본능적인 부분을 표현하고 발산하는 데 약한 타입입니다. 본능과 감정보다는 주변과 이성적으로 강해 고지식한 분위기를 풍깁니다.

예의를 많이 차림
소위 진도를 빼기 위해서는 직접적이고 과감한 표현이 필요합니다. 그런데 예의가 너무 바르고 상대를 존중하다 보니 진도가 나가지 않고 이성적인 호감에서 발전이 안 되는 경우가 많습니다.

겸손함
연애는 이성적으로 어필함으로써 선택하게 하거나
선택당하게 하는 줄다리기와 같습니다. 자신의 매력을 표현하는 데에 있어 겸손은 진실하게 보이게 하기도 하고 매력을 반감시키는 요소가 되기도 합니다. 피스 타입은 특히 남성의 경우 연애의 횟수가 가장 낮게 나타납니다.

의미를 많이 둠
사랑은 정신적인 요소와 육체적인 요소가 적절한 조화를 이루어야 합니다. 내향적인 피스 타입은 정신적인 면에 많은 의미를 둡니다. 단순한 남자 친구, 여자 친구, 연인이 아닌 자신만의 깊은 의미를 부여합니다.

무뚝뚝한 표정
착한 마음과 밝은 표정은 다릅니다.
깊게 생각하면서 동시에 밝은 표정은 나오기 힘들기 때문일 것입니다. 착한 마음과는 달리 무뚝뚝한 표정으로 나타납니다.

피스 타입 단서 설문지 없이 타입을 파악하고 싶을 때

착하고 순한 인상

동물로 비유하면 육식 동물이 아닌 초식 동물입니다.
강하고 남을 공격하는 것이 아닌 순하고 약한 자를 동정하고 도우려 합니다.

갈등이 없어 보임

조용하고 착한 타입이라 자신을 그런 환경에 두지도 않고 비슷한 환경을 유지합니다. 간혹 갈등이 생기더라도 피하거나 조금만 참으면 되므로 갈등이 없어 보입니다.

쉽게 언짢아하지 않음

피스 타입은 지혜롭고 깊이가 있으므로 한쪽 면만을 보는 것이 아닌 양쪽을 신경 씁니다. 이런 면도 있고 저런 면도 있으니 모두 이해가 가고 공감이 갑니다. 그러니 쉽게 언짢아하지 않습니다.

애늙은이

피스 타입이 평소에 많이 듣는 키워드는 애늙은이입니다.
생각이 깊다 보니 또래에 비해 어른스럽고 나이 많은 사람과 함께하는 것이 오히려 편안하고 수준에 맞기 때문입니다.

가르치려고 함

많이 알고 더 깊이 문제를 파악하니 알려주고 싶고 도와주고 싶은 마음이 듭니다. 그것이 지나쳐 의도치 않게 가르치려는 분위기로 나타납니다.

의미를 담은 단어를 많이 사용함

의미는 실제와 사실이 아닌 그 속에 포함된 뜻입니다.
깊은 생각과 의미를 담은 생각으로 대화를 하니 쉽고 단순한 문장이 아닌 의미가 담긴 단어나 조금은 어려운 말들을 사용합니다.

피스 타입 유의할 점

과거에 집착
헤어진 인연에 대한 이유를 알고 싶어 합니다.
생각하다 보니 반성하기도 하지만, 그 경험과 감정에 빠지게 되고 다시 그런 경험과 감정에 빠지지 않기 위해 지금의 인연을 대입시킵니다. 이런 방법은 예민해지기 때문에 앞으로의 인연에 방해가 되지 않도록 유의해야 합니다.

문제를 쌓아둠
표현하지 않고 참습니다. 나보다는 상대를 생각합니다.
의식하든 의식하지 않든 불평불만은 쌓이고 계속 미루고 회피하며 문제를 쌓아둡니다. 필요에 따라 자신의 감정을 표현하고 문제를 일부 처리해 나가야 합니다.

변하지 않음
아는 것과 할 줄 아는 것은 다릅니다.
할 줄 아는 것과 잘하는 것은 또 다릅니다.
깨닫고 변화해야 한다는 것을 알아도 실제로 잘 변화하지 않습니다. 작은 용기를 내어 작은 변화가 시작돼야 합니다.

잔소리, 비난, 비판을 잘함
더구나 깊게 현상을 보니 작정하고 부정적인 관점으로 보면 더 많이 보입니다. 많이 보이니 많은 잔소리를 하게 됩니다.
상대에 대한 비난의 화살은 결국, 자신과 서로를 겨누고 있음을 알아야 합니다.

연애를 논리적으로 풀려 함
연애는 객관적이고 이성적, 논리적으로 설명하지 못하는 부분이 많습니다. 아무리 객관적이고 이성적, 논리적으로 맞다 하더라도 상대가 아니면 아닌 것이 됩니다. 논리적으로 따지지 말고 상대의 주관성에도 귀 기울여야 합니다.

이별을 하지 못함
좋은 인연을 만나 함께하며 좋은 시간을 가지면 좋겠지만
좋지 못한 사람과 인연이 됐다면 끊을 줄도 알아야 합니다.
존중받지 못하고 상대가 함부로 대한다면 냉정하게 끊어야 합니다. 참고 미룬다고 해서 해결되지는 않습니다.

피스 타입 개발할 점

대접받으려 함
우리는 서로의 연인에게 최선을 다하고 잘해주어야 하는 것을 알지만 실제론 그렇지가 않기도 합니다.
이런 부분들을 따지거나 상대가 해주기를 바랍니다.
내가 원하는 것처럼 상대에게 긍정적인 액션을 취해보도록 합니다.

표정
아무런 감정을 읽을 수 없는 무표정한 표정은 반드시 고쳐야 하는 부분입니다. 누군가에게 다가가거나 다가오게 하는 그 어떤 것에도 도움이 되지 않습니다.

적극적인 표현력
특히 남성의 데이트 비율이 가장 떨어지는 이유 중 하나가 이 부분입니다. 적극적인 표현력이면 좋겠지만 간접적인 표현이라고 하기에도 민망할 정도입니다. 여성의 경우도 마찬가지입니다. 상대가 다가오기 어렵지 않게 작은 신호라도 줘야 합니다.

욕구와 본능을 발산
피스 타입이 쉽게 하는 말은 "나도 쟤네처럼 생각 없이 지내고 싶다"입니다. 생각 없이 놀지 못하고, 다가가지 못하고, 적극적이지 못합니다. 많은 만남이 이루어질 수 있는 곳엔 가지도 않고 가도 뻘쭘해 합니다. 동성끼리 조용한 곳에 모여 있지 말고 본능을 인정하고 발산하도록 합니다.

다양한 나
피스 타입이라고 해도 가장 강한 타입이 피스 타입이지 100%의 피스 타입이 아닙니다. 오직 하나의 모습만이 진짜 '나'는 아닙니다. 다중 성향 중에 가장 강한 타입일 뿐입니다.
연애에서는 파격적일 필요가 있습니다. 당신이 아무리 파격적이라 해도 피스 타입의 파격은 일반인에게 아무것도 아닌 아주 작은 변화입니다. 그러니 파격적인 다양한 나를 보여주도록 합니다.

3
연애에서 가장 중요한 것
연애를 결정하는 요소

타입별 중요 관점

같은 이성을 봐도 이성적인 호기심이 일어나지 않는가 하면 누구는 불 같은 열정이 타오릅니다. 그 이유는 타입마다 남녀를 보는 중요 관점이 다르기 때문입니다.

타입별 남녀를 보는 중요 관점				
셀프 타입	에너지 타입	해브 타입	퍼블릭 타입	피스 타입
나와 친구 같은, 생각이 통하는, 생활 존중	재미, 즐거움, 짜릿함, 말이 통하는	몸매, 얼굴, 능력, 재산	직업, 학벌, 집안, 성실함	학벌, 집안, 편안함, 지적 능력

그런가 하면 잘 사귀다가도 우리를 어리둥절하게 만들기도 합니다.

타입별 연애 중 어리둥절하게 하는 행동들					
셀프 타입	에너지 타입	해브 타입	퍼블릭 타입	피스 타입	
연락 두절 관계는 좋으나 무심함, 친구와 의절, 도와주면서 괴로워함	싫증을 금방 느낌, 말만 많고 마무리가 안 됨, 쓸데없이 말이 많음, 구설수	다혈질 욕심이 많음, 말초적, 본능 좋음, 계산적, 이중성향	논리 싸움, 의심 많음, 신경이 예민, 타협을 잘함	받기만 좋아함, 의존을 많이 함, 새로움을 싫어함, 기대 많음	

왜 이성을 보는 관점은 다르고 우리를 어리둥절하게 하는 것일까요? 바로 이것과 관련이 있습니다.

남녀의 중요사항

남		여
성격 〉 외모 〉 경제력	2015년 중요사항	성격 〉 경제력 〉 직업
성격 〉 경제력 〉 직업	2016년 중요사항	성격 〉 외모 〉 가치관
성격 〉 경제력 〉 가정환경	2017년 중요사항	성격 〉 외모 〉 가치관
성격 〉 경제력 〉 가정환경	2018년 중요사항	성격 〉 경제력 〉 가치관
성격 〉 경제력 〉 가정환경	2019년 중요사항	성격 〉 외모 〉 가치관
성격 〉 가치관 〉 경제력	2020년 중요사항	성격 〉 가치관 〉 외모

2030 미혼남녀의 '이상적 배우자' 조건의 일부 내용입니다.
보시다시피 부동의 1위는 남녀 모두 중요사항으로 '성격'을 뽑았습니다. 아무리 멋지고 예쁜 파트너, 배우자라 하더라도 성격이 안 맞는다면 참으로 심각해집니다.
성격적 타입은 연애, 개인적으로 파생되는 근본적인 요소이기 때문에 심도 있게 많은 부분을 할애할 만큼 중요하다고 할 수 있는데요. 이제 나와 너의 연애에 대해 탐색을 시작해볼까요.

가치관과 성향은 결과로 가고자 하는 방향입니다.
그래서 그러한 특질들이 원인이 되어 결과로 나타나 범주를 형성합니다.

가치관				
피스 타입	퍼블릭 타입	셀프 타입	에너지 타입	해브 타입
수용, 허용	안정, 유지	사고, 자유	도전, 경험	결과, 소유

성향				
피스 타입	퍼블릭 타입	셀프 타입	에너지 타입	해브 타입
편안함, 고상함	사회적 우월함, 사회적 일반화	자기만족, 자아실현	즉흥, 즐거움	성취, 만족

방식				
피스 타입	퍼블릭 타입	셀프 타입	에너지 타입	해브 타입
받는 사랑	품는 사랑	별개의 사랑	주는 사랑	갖는 사랑

애인이 없을 것 같은 사람의 특징

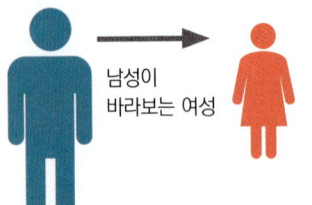
남성이 바라보는 여성

성격
41%: 잘난 척, 있는 척 등의 허세
27%: 털털하다 못해 남자 같은 성격

행동/외모
51%: 운동, 미용 등 자기 관리를 하지 않는 여성

애인 삼기 힘든 이성의 취미
43%: 잦은 성형 수술 및 시술 관리
24%: 지나친 음주 가무

리서치 결과에 해당하는 관련 타입

리서치 결과	관련 타입	관련 타입	관련 타입
잘난 척, 있는 척 등의 허세	🧍	🧍	
털털하다 못해 남자 같은 성격	🧍		
운동, 미용 등 자기 관리를 하지 않는 여성	🧍	🧍	
잦은 성형 수술 및 시술 관리	🧍	🧍	
지나친 음주 가무	🧍	🧍	

위 결과에 해당하는 타입은 유의하시기 바랍니다.

애인이 없을 것 같은 사람의 특징

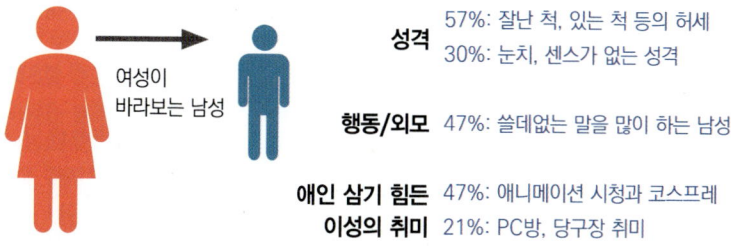

성격	57%:	잘난 척, 있는 척 등의 허세
	30%:	눈치, 센스가 없는 성격
행동/외모	47%:	쓸데없는 말을 많이 하는 남성
애인 삼기 힘든 이성의 취미	47%:	애니메이션 시청과 코스프레
	21%:	PC방, 당구장 취미

리서치 결과에 해당하는 관련 타입

리서치 결과	관련 타입	관련 타입	관련 타입
잘난 척, 있는 척 등의 허세			
눈치, 센스 없는 성격			
쓸데없는 말을 많이 하는 남성			
애니메이션 시청과 코스프레			
PC방, 당구장 취미			

위 결과에 해당하는 타입은 유의하시기 바랍니다.

남자가 여자에게 말하는
애인이 생기기 위해 가장 필요한 것은?

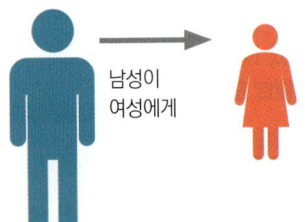

47%: 여자다운 청순함과 생기발랄함
27%: 남자에게 적극적으로 어필하는 자신감
15%: 성실하고 매사에 열심인 모습

리서치 결과	노력해야 하는 타입	노력해야 하는 타입	노력해야 하는 타입
여자다운 청순함과 생기발랄함	🧍	🧍	
남자에게 적극적으로 어필하는 자신감	🧍	🧍	
성실하고 매사에 열심인 모습	🧍	🧍	

여자가 남자에게 말하는
애인이 생기기 위해 가장 필요한 것은?

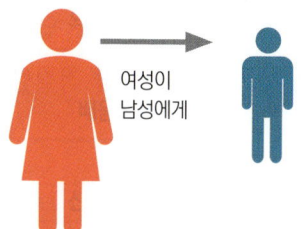

여성이 남성에게

57%: 눈치를 겸비한 센스와 배려
24%: 안정적인 직장, 고정적인 수입
10%: 성실하고 매사에 열심인 모습

리서치 결과	노력해야 하는 타입	노력해야 하는 타입	노력해야 하는 타입
눈치를 겸비한 센스와 배려	🟢	🖤	
안정적인 직장, 고정적인 수입	🟢	🔴	🖤
성실하고 매사에 열심인 모습	🟢		

타입별 중요 잘난 척 요소

리서치 결과에 나와 있듯 남녀 모두 싫어하고 연애를 방해하는 1위는 잘난 척입니다. 그렇기에 타입별 잘난 척 요소를 짚고 넘어가야 합니다. 자신감과 잘난 척은 종이 한 장 차이의 양면성을 가지고 있습니다. 타입별 성향으로 인한 개성과 타고난 재능이 과하게 표현될 경우 단점으로 드러납니다. 자신의 단점을 알아차리고 각 타입에 맞게끔 적절한 조율이 필요합니다.

타입	내용
	잘난 척의 핵심은 자유입니다. 남들은 출근하고 회사에 있을 시간에 한적하게 카페 있거나 지방에 가거나 여행을 다닙니다. 물질적 능력보다는 시간적 능력을 보입니다.
	잘난 척의 핵심은 경험입니다. 남들은 하지 못한 시도, 체험, 경험 등입니다. 해외여행, 많은 친구, 남들은 경험하지 못할 이성과의 행위 등의 경험 이야기로 주목받는 능력을 보입니다.
	잘난 척의 핵심은 물질적 능력입니다. 남들은 잘 가지 못하는 곳, 물건, 돈, 자동차 등을 과시합니다. 물질적 능력이 약한 해브 타입은 노력으로 얻은 결과, 이성과의 잠자리, 어린 여자, 어린 남자와의 데이트 등 노력으로 인한 성취를 자랑합니다.
	잘난 척의 핵심은 명예입니다. 자신이나 상대방의 사회적 조건인 학교, 학벌, 회사 등이 좋은 것을 선호합니다. 상대 이성의 사회적 명함(학벌, 좋은 연봉의 직업)과 그 능력으로 혜택을 받는 자신을 능력으로 표현합니다.
	잘난 척의 핵심은 지적 능력입니다. 학벌, 집안 등에 대해 많이 알고 있기 때문에 도와주려고 합니다. 남들보다 많이 알기 위해 연구하고 공부하는 지식의 능력을 보입니다.

연애를 결정하는 요소

우리는 지금까지 간단하게 요약된 아래 항목을 알아보았습니다.

- 타입별 남녀를 보는 중요 관점
- 타입별 연애 중 어리둥절하게 하는 행동들
- 타입별 대표적 가치관
- 타입별 대표적 성향
- 타입별 대표적 방식
- 애인이 없을 것 같은 특징 중
  남성이 바라보는 여성의 관점들
- 애인이 없을 것 같은 특징 중
  여성이 바라보는 남성의 관점들
- 남자가 여자에게 말하는
  애인이 생기기 위해 가장 필요한 것
- 여자가 남자에게 말하는
  애인이 생기기 위해 가장 필요한 것

이런 특성과 현상은 결국 본인의 성격에서 파생되는 것으로
성격으로 인한 방향, 사고 관점이 행동, 습관과 같은 결과로 나타납니다.

4
연애의 연결고리
타입별 다이내믹

타입별 다이내믹

연애는 내가 하는 것이지만 혼자 하는 것이 아닙니다.
반드시 역동적인 다이내믹이 일어납니다.

준수한 외모와 훌륭한 인성, 능력까지 겸비한 남성이라도
대단히 아름다운 외모와 적극성을 가진 여성이라 하더라도
어떤 타입을 만나느냐에 따라 잘 맞기도 하고, 부딪치며
갈등과 싸움이 일어납니다.

아무리 잘 맞는 타입이라 해도 부정적인 특성만 나온다면
소위 잘 맞는 타입과 좋은 궁합이라 해도 갈등은 여전히 발생합니다.

자신이 원하는 파트너와 좋은 관계의 원인으로 작용하려면
자신의 시그니처 성향의 좋은 장점은 유지하면서
갈등 부분을 이해하고 유연성 있는 태도로 반응해 주면 될 것입니다.
타입별 다이내믹입니다.

이래서 좋아

나의 타입과 너의 타입이 만나면

타입	이래서 좋아
	당신들의 커플은 매우 독특하고 자유로우며 개방적입니다. 독특함과 창의력이 증폭되어 즐겁고 서로 코드가 잘 맞습니다. 하고 싶은 활동을 함께하며 각별한 관계가 될 가능성이 높습니다.
	조용한 면과 수다스러운 면을 동시에 가지고 있습니다. 당신은 에너지 타입과 만나면 밝은 면이 확대됩니다. 이야기를 잘 들어주고 반응도 좋아 표현력도 좋아지며 재미와 즐거움 그리고 인간관계의 폭도 넓어집니다.
	셀프 타입이 복잡 미묘하다면 해브 타입은 간결합니다. 뚜렷한 의견과 결정이 빠르므로 당신은 편하고 시원스럽기까지 합니다. 잘 챙겨주는 해브 타입에 믿음과 신뢰 든든함마저 듭니다.
	착실하고 모범적인 퍼블릭 타입은 심성이 착하고 상대방과 조율도 잘해 당신과 서로에게 안정적 배려가 유지됩니다. 변함없고 꾸준한 관계가 가능합니다.
	휴머니즘 타입의 친절함과 겸손함은 당신과 잘 맞습니다. 배려와 존중, 내면적 따뜻함은 깊이 있는 소통을 이룹니다. 깊은 관계로 발전되지만 다소 시간이 오래 걸릴 수 있습니다.

나의 타입과 너의 타입이 만나면

타입	이래서 좋아
 🧍(초록)	풍부하고 민감한 감성을 공유합니다. 가능성과 큰 그림을 그리며 긍정의 감정을 나눕니다. 서로를 격려하고 응원하는 좋은 관계의 짝꿍이 됩니다.
 🏃(갈색)	많은 호기심과 사교적인 만남으로 대화가 즐겁습니다. 재미있게 표현을 잘하는 성향끼리 만나 의사소통 또한 활기찹니다. 감탄사와 몸짓, 언어가 풍부하여 친밀한 관계를 이룹니다.
 🧍(주황)	솔직하고 적극적인 상대와 당신은 낭만적이고 즐겁습니다. 사교성과 자신감, 즐거움을 공유하기에 충분합니다. 대화가 즐겁고 외향적 환경을 선호해 새로운 경험을 할 수 있습니다.
 🧍(파랑)	당신이 이야기하면 상대는 잘 들어줍니다. 하고 싶은 일이 많고 하는 것을 좋아하는 당신을 보완해줄 수 있는 상대입니다. 꾸준함과 안정적인 상대와 당신은 조화를 이루는 좋은 궁합입니다.
 🧍(회색)	열정과 잔잔함의 조합으로 다른 듯하지만 비슷합니다. 사람을 도와주고 수용하는 포용력이 있기 때문입니다. 사람을 좋아하고 도와주려는 방식만 다를 뿐 따뜻한 마음이 잘 맞고 상호 보완되는 관계입니다.

나의 타입과 너의 타입이 만나면

타입	이래서 좋아
🧍	상대는 내면이 강하고 당신은 외면이 강합니다. 상대는 생각이 강하고 당신은 현실이 강합니다. 서로에게 내적, 외적으로 조화를 이룰 수 있게 하고 아이디어를 얻습니다. 낭만적인 기질도 잘 맞아 즐겁습니다.
🏃	원만한 사교성을 가지고 있는 상대라 호흡이 좋습니다. 긍정성과 활동성으로 당신에게 시너지를 줍니다. 훌륭한 파트너로 함께할수록 좋고 당신에게 꼭 필요한 파트너입니다.
🧡	직접적이며 솔직하고 시원시원합니다. 동일한 목표와 취향일 때 최고의 추진력을 보이는 가장 좋은 파트너입니다. 낭만적이고 즐길 줄 아는 관계입니다.
🗂	당신의 추진력이 다듬어지고 보완됩니다. 의견을 잘 들어주며 분석적 조언까지 얻을 수 있습니다. 상호 보완되는 훌륭한 파트너이며 사회적 환경에 최적화된 조합입니다.
🤍	당신은 상대에게서 편안함을 느낄 것입니다. 의견을 따라주고 너그럽게 당신을 맞추어주기 때문입니다. 한결같은 마음과 수용해주는 포용력을 가져 안식처를 얻습니다.

나의 타입과 너의 타입이 만나면

타입	이래서 좋아
(초록)	상대는 개방적 사고와 행동이 자유롭습니다. 하고 싶은 일을 하고 친밀한 사람들은 만납니다. 순수하고 인간적인 면을 당신의 삶에도 적절히 적용해보세요.
(빨강)	당신이 사회성이라면 상대는 사교성입니다. 다정다감한 상대와 있으면 활기찹니다. 활력 있는 상대와 함께하면 즐겁고 사교성과 사회성 둘 다 만족됩니다.
(주황)	당신과 상대는 사회성의 부류는 비슷하지만 다릅니다. 명예와 물질욕은 종이 한 장 차이이기 때문입니다. 상대는 좀 더 추진력이 있고 재미와 낭만이 있습니다. 훌륭한 조합의 파트너입니다.
(파랑)	보수적이며 안정적인 만남이라 친숙합니다. 안정되고 깊은 대화를 나눌 수 있고 일과 개인적인 만남에서도 좋은 파트너입니다. 서로 조율도 잘하며 실수를 하지 않습니다.
(검정)	상대는 온화하며 상식적입니다. 예의가 바르고 책임감, 성실한 면에 공통점이 있습니다. 서로 겸손하며 따뜻하고 안정적인 관계를 유지합니다.

나의 타입과 너의 타입이 만나면

타입	이래서 좋아
	인간적이고 진정한 호의를 베푸는 당신과 잘 맞습니다. 상대는 깊이가 있어 이상적인 대화를 자유롭게 공유할 수 있습니다. 관대하고 너그러워 진실한 마음을 나눕니다.
	따뜻한 포용력의 당신과 친절하고 잘 도와주는 상대와는 환상적인 궁합입니다. 더구나 상대는 생산적이고 활동력까지 겸비했습니다. 자유로움과 다양한 경험으로 당신의 삶에 활력이 되어줍니다.
	상대는 자신감이 있고 보이는 능력을 중시합니다. 삶을 즐기고 목표를 달성하려는 집중력, 결과물을 내는 상대의 집념을 배워야 합니다. 상대와 어울려 인생을 즐겨보세요.
	상대는 신뢰와 일관성을 유지합니다. 상대는 양보하고 조율도 잘해 웬만해선 갈등도 일어나지 않습니다. 서로 친근하고 편안함을 느끼는 안정적인 파트너입니다.
	따뜻한 마음과 상식적이고 고상하기까지 한 그대. 겸손하고 온화한 둘의 관계는 현실에 만족하며 안정적입니다.

이래서 싸워

나의 타입과 너의 타입이 만나면

타입	이래서 싸워
	자신과 잘 맞는 사람을 만나 과도하게 신뢰하거나 의존하는 경향이 있습니다. 들어주기 싫은 부탁을 거절하지 못하여 불만이 계속 쌓일 수 있습니다. 진정한 사랑이 무조건적인 허용을 말하진 않습니다.
	당신의 내향 성향이 짙어질 때 에너지 타입의 밝음과 사교성을 산만함, 시끄러움, 간섭으로 생각하여 신중하지 못하다고 생각할 수 있습니다. 극에서 극으로 싫어질 수 있으니 긍정적인 관대함이 필요합니다.
	당신의 독창성과 자유는 위협받을 수 있습니다. 상대가 자유를 통제하고 지배한다고 느낍니다. 상대는 자기 위주 의견을 따라주기 원하기에 어느 정도 용납할 준비가 필요합니다.
	상대의 수동적 변화와 고지식함에 답답할 수 있습니다. 상대는 규칙과 상식적이면서 안정 성향이 강합니다. 자유분방한 사고와 유연성을 가진 당신이기에 상대는 혼란스러울 수 있음을 이해하길 바랍니다.
	따뜻한 감성과 깊이 있는 대화가 잘 통하지만 이상적 성향과 이론적 논리로 빠질 수 있습니다. 실제적이기보다는 관조하며 평가하기 때문입니다. 생각에서 나와 활동 영역으로 옮기는 노력이 필요합니다.

나의 타입과 너의 타입이 만나면

타입	이래서 싸워
 🟢	사교성이 없고 개인적이라 생각합니다. 속으로 감추고 느리며 비우호적이라 생각하는데 당신이 사교성과 대중성이 뛰어나고 우호적이기 때문입니다. 세분화하지 말고 큰 틀에서만 맞추도록 합니다.
 🟤	말이 많아서 말실수가 많습니다. 말로만 때우려 하고 말싸움에서 지지 않으려고 합니다. 친해서 허심탄회하게 털어놓은 비밀을 지키기 힘들고 약점으로 작용할 수 있습니다. 자기 보호를 위해 상대를 험담할 필요는 없습니다.
 🟠	자기주장이 강한 상대로 인해 대화가 결론적이며 간결한 대화를 요구합니다. 장황한 설명을 줄이고 지시적인 말을 삼갑니다. 조금 더 압축된 내용으로 대화하면 좋습니다.
 🔵	당신이 보기에 상대는 변화에 수동적입니다. 재미없고 따분하게 생각할 수도 있습니다. 상대는 속이 깊고 다정한 성향이므로 친밀도의 속도를 조절하면 좋습니다.
 ⚫	당신과 상대는 주파수가 다릅니다. 당신이 열정이라면 상대는 잔잔함, 편안함입니다. 고리타분한 것이 아니라 진지함입니다. 조용하고 상냥하게 다가가 주세요.

나의 타입과 너의 타입이 만나면

타입	이래서 싸워
	유연함과 자유로움을 상대를 통제하려 할 때 이유 없는 고집을 부리기도 합니다. 지시와 강요는 상대에게 무용지물입니다. 자율을 허용해주세요.
	당신이 결론과 결과라면 상대는 다양성과 과정입니다. 그렇기에 결론과 결과 아닌 감정적인 부분에 더욱더 신경 써야 합니다.
	불화가 일어난다면 가장 크게 싸울 수 있습니다. 서로 주도권을 쥐려고 하며 강한 자기주장을 펼치기 때문입니다. 상대의 자존심을 건드리지 않도록 하고 되돌릴 수 없는 극단적인 말은 피하도록 합니다.
	상대의 신중함에 타이밍을 놓칠까 답답해할 수 있습니다. 객관적이고 완벽한 성향 때문에 당신이 주도할수록 더 철저히 할 것입니다. 상대는 그럴 만한 이유가 있습니다. 불안을 없애기 위해 확인하는 것으로 이해하길 바랍니다.
	우유부단하고 고지식함에 당신은 답답해합니다. 약한 듯하지만 침묵으로 끝까지 본인의 뜻을 고수하는 경향이 있습니다. 빠른 결정을 뒤집기는 힘드니 강한 표현은 삼갑니다.

나의 타입과 너의 타입이 만나면

타입	이래서 싸워
	상대는 틀이 없는 듯하지만 매우 강한 틀을 가지고 있습니다. 당신의 상식과 객관성도 상대의 주관에 부딪히면 꼼짝을 하지 않습니다. 상대를 허용하고 행동으로 옮길 때까지 기다려야 합니다.
	겉만 요란하고 성실하지 않다고 생각합니다. 상대의 사교성에 당신은 불편함을 느낍니다. 그러나 상대의 이야기를 들어주고 공감하며 맞장구를 치는 것부터 시작해야 합니다.
	당신은 상대를 따라주면서 상대가 따라주길 원합니다. 상대는 어쩌면 당신을 장악하려 할 것입니다. 당신이 현명하다면 도움을 요청하는 방식으로 자존심이 상하지 않게 의견을 전달해야 합니다.
	서로를 배려하고 참느라 속마음을 억누릅니다. 세심하고 예민하여 스트레스를 많이 받습니다. 간접적이라도 자신의 욕구를 표현해야 합니다.
	겉으로 드러나지 않는 공격형입니다. 고리타분하게 따지거나 불평불만이 많을 수 있습니다. 도움을 줄 수 있다면 도우면서 푸는 것이 서로에게 좋습니다.

나의 타입과 너의 타입이 만나면

타입	이래서 싸워
	겸손함과 차분함이 강해 분위기가 밝지 못하고 어둡습니다. 이론과 완고한 논리로 비판적 성향이 강해 논쟁에 빠질 수 있습니다. 상대를 가르치려고 하고 잔소리가 많아지므로 긍정적 칭찬을 하는 것이 좋습니다.
	신중하고 차분한 당신에게 상대는 거침없이 말하고 깊이가 없는 듯합니다. 말이 많고 과장된 표현도 마땅치 않을 수 있습니다. 당신의 포용력으로 수다를 들어주고 반응도 크게 해주면 좋습니다. 하지만 심리적으로 피곤하다면 솔직하게 감정을 표현해보세요.
	허영과 과시, 모두가 아닌 자기주장이 강한 상대를 보면 당신의 마음은 불편함을 느낍니다. 상대는 당신처럼 알아차리고 배려하지 않을 수 있으니 감정을 표현하고 때로는 정중하게 거절하도록 합니다.
	너무 세심하고 예민하여 작은 일에도 에너지를 많이 소모합니다. 상대의 원칙적인 고지식함에 답답해하기보다는 높은 퀄리티를 추구하는 것으로 이해하는 것은 어떨까요?
	지적인 오만이 강하고 완고할 수 있습니다. 논리와 자신의 세계와 이론에 요지부동입니다. 부정적 감정에 친숙하여 염세주의, 허무주의에 빠지지 않도록 해야 합니다.

나와 너의 연결 고리

자신의 성향은 노력하지 않아도 드러나고 표현되는 자연스러운 시그니처입니다. 자신의 시그니처는, 자신만의 컬러이자 강점이고 독특한 개성입니다.
그로 인해
자신의 독특한 개성적 분위기의 상대
자신의 독특한 개성을 좋아하는 상대
자신의 독특한 개성을 발휘하고 싶어 하는 환경과 상대에게 어필되고 연결됩니다. 그리고 바로 그 독특한 개성은 반대의 한계와 단점으로도 나타납니다. 경우에 따라 계속해서 반복되는 갈등과 문제가 발생하지만 원인의 발달인 관점, 사고, 선택, 결정, 환경 등이 바뀌지 않으므로 지속됩니다.
자신만의 독특한 성향의 강점은 유지하고 단점은 제거하며 배워나가면 되는 것입니다. 그러기 위해서는 의식적인 알아차림이 필요하고 이 부분에 대해 시간을 내어 정리를 해 볼 필요가 있습니다.

5가지 타입의 '나와 너의 연결고리'가 있습니다.
5가지 타입 중 자신의 타입을 선택합니다.
각 타입의 생각나는 대표적인 한 사람을 선택합니다.
선택한 그 사람과 나의 강점, 단점, 그리고 새롭게 발견했거나 알게 된 부분을 적습니다.

예시 나와 너의 연결 고리 - 셀프 타입

상대	홍길동
장점	편안하고 부담이 없다.
단점	시간의 관념이 약하다.
교훈	약속 시간에 미리 가지 않는다.

상대	이영숙
장점	재미있고 잘 챙겨준다.
단점	너무 간섭한다.
교훈	대화 주제를 선별한다.

상대	김성민
장점	현실적인 부분을 알게 해준다.
단점	과도한 스킨십을 요구한다.
교훈	술을 과하게 마시지 않는다.

상대	김경리
장점	체계적이고 반듯하다.
단점	고지식하고 답답하다.
교훈	내 생각을 어필하지 않는다.

상대	김철수
장점	착하고 준수하다.
단점	재미가 없고 진지하다.
교훈	대화 위주로 맞추어준다.

나와 너의 연결 고리 - 셀프 타입

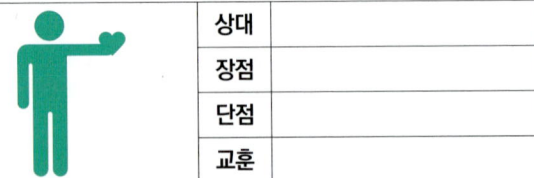

상대	
장점	
단점	
교훈	

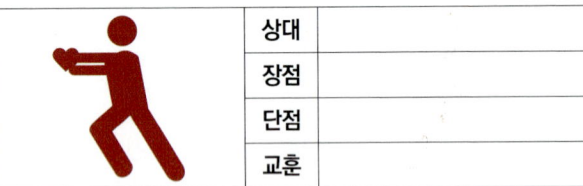

상대	
장점	
단점	
교훈	

상대	
장점	
단점	
교훈	

상대	
장점	
단점	
교훈	

상대	
장점	
단점	
교훈	

나와 너의 연결 고리 – 에너지 타입

상대	
장점	
단점	
교훈	

상대	
장점	
단점	
교훈	

상대	
장점	
단점	
교훈	

상대	
장점	
단점	
교훈	

상대	
장점	
단점	
교훈	

나와 너의 연결 고리 - 해브타입

상대	
장점	
단점	
교훈	

상대	
장점	
단점	
교훈	

상대	
장점	
단점	
교훈	

상대	
장점	
단점	
교훈	

상대	
장점	
단점	
교훈	

나와 너의 연결 고리 - 퍼블릭 타입

상대	
장점	
단점	
교훈	

상대	
장점	
단점	
교훈	

상대	
장점	
단점	
교훈	

상대	
장점	
단점	
교훈	

상대	
장점	
단점	
교훈	

나와 너의 연결 고리 - 피스 타입

상대	
장점	
단점	
교훈	

상대	
장점	
단점	
교훈	

상대	
장점	
단점	
교훈	

상대	
장점	
단점	
교훈	

상대	
장점	
단점	
교훈	

5
커플 차트 기본 12가지 연애 특성
커플 차트 가이드

커플 차트 가이드

커플 차트의 진단, 분석은 커플 디브리퍼 전문가(커플 차트 교육을 받은 전문가로서 차트 진단 해석이 가능한 상담가)와
함께 진행하는 것을 추천합니다만
시간과 환경의 제약상 관련된 내용을 쉽게 이해할 수 있도록
핵심적 설명을 단순하게 담도록 노력하였습니다.

커플 차트는 16가지의 요소를 살펴보지만
C 영역, D 영역, E 영역, F 영역의 경우
심도 있는 종합적인 판단이 필요한 부분이라
방대한 범위의 전문성을 요구하기에 내용에서
제외됨을 알려드립니다.

그 외 12가지의 요소에 대한 내용은 핵심적으로 충실히
설명하기에 자신의 커플 차트를 이해하고 해석하는 데에는
수월할 것입니다.

작성한 커플 차트 작성지와 12가지 연애 측정 요소의 내용을 대비하며 자신의 연애 타입을 알아차리도록 합니다.

커플 차트가 진단하는
12가지의 연애 측정 요소입니다

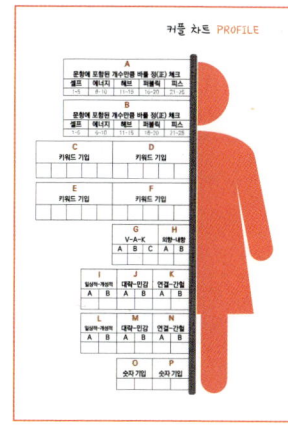

A. 타고난 성향 – 평상시의 성향
B. 노력하는 성향 – 미러 성향, 데이트에서 발휘되는 성향
G. 선호 감각 – 이성을 볼 때, 선호하는 데이트 스타일
H. 알기 쉬운/알기 어려운 – 선호하는 데이트 환경
I. 언어 단위 – 표현 스타일
J. 이성적/감성적 – 공감 스타일
K. 계획성/유연성 – 생활 방식
L. 일상적/개성적 – 데이트 방식
M. 약속 민감도 – 분위기를 결정하는 감정 범위
N. 연락 친밀도 – 정서적 기준
O. 연애 이슈 – 연애 중 나타나는 부정적 패턴
P. 원하는 이슈 – 상대에게 바라는 반응

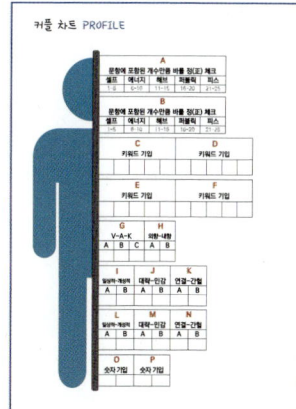

1부 커플 차트 113

A. 타고난 성향 - 평상시의 성향

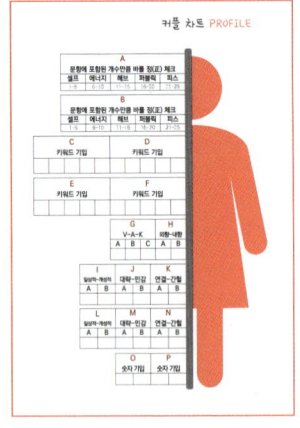

진짜 자신의 모습이며 연애에 대한 사고, 개념,
패턴, 방식 등이 모두 포함된 본부와 같은
핵심이라 할 수 있습니다.
가장 기본적으로 측정되며
연애에 대해 예측이 가능한 검사 방법입니다.
연애에 대한 장단점과 개선 부분이 극명하게 드러나기에
자신도 몰랐거나 알아도 해결 방법을 몰랐던 부분을 명쾌하게
알 수 있는 좋은 기회가 됩니다.

연애가 잘 됐던 이유를 검증 확인하여 더 확장시킬 수도 있으며 자기의 방식을
벗어나 관계를 확장할 수도 있습니다. 연애에 대한 전반적인 타입과 방향성을
측정합니다.

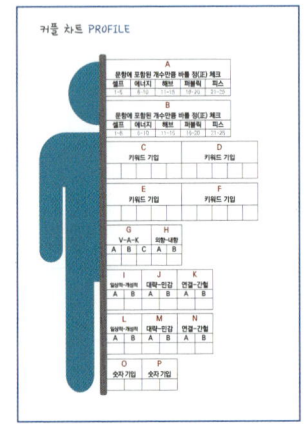

B. 노력하는 성향
– 미러 성향, 데이트에서 발휘되는 성향

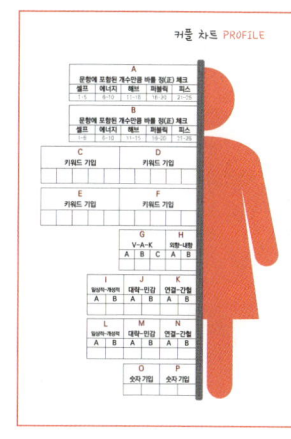

미러 성향은 일명
'노력하는 성향'
'보이는 성향'
'필요한 성향'
'사용되는 성향'
'필요로 느끼는 성향' 등으로 불립니다.
실제 자신의 성향과는 다를 수 있으며
노력하고 배려하는 성향입니다.
많은 성질을 띠는 성향 중에
어떤 성향으로 노력하고 있는지,
노력하는 성향이 사라지면
원래 가지고 있던 부정적 성향으로 발생할 수 있는지
패턴을 알아차리고 차단할 수 있습니다.

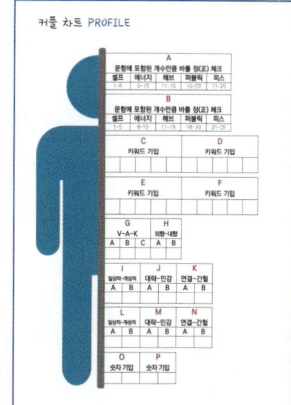

G. 선호 감각
- 이성을 볼 때, 선호하는 데이트 스타일

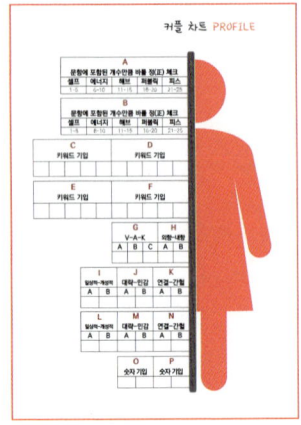

인간은 오감의 감각이 있습니다.
그 감각 중에 선호하며 충족시키려는 감각 또는
발달된 감각이 있습니다. 이러한 감각은 이성을 볼 때,
표현할 때, 충족될 때, 결핍될 때 등 모든 것에 스며든 방식입니다.

이러한 방식은
상대의 태도, 데이트 방식, 상대에게 바라고 충족시키려고 하는 것으로
나타납니다. 선호 감각을 측정함으로써 데이트의 질을 높입니다.

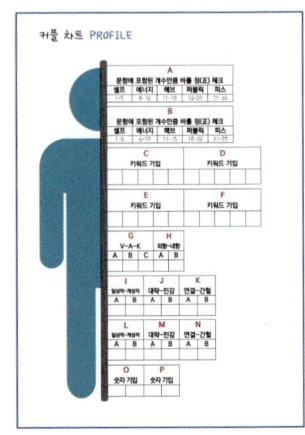

H. 알기 쉬운/알기 어려운
- 선호하는 데이트 환경

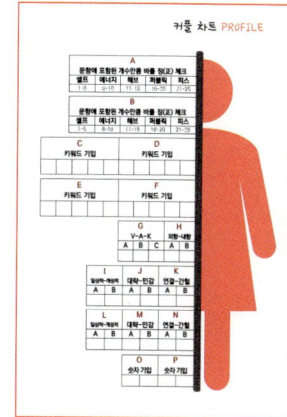

데이트에서 선호하는 환경을 측정합니다.
만남이 시작되면서
밖으로 드러내며 활동적으로 표현하는 외향적 타입인지
깊은 관계를 추구하며 집중하고자 하는 내향적 타입인지 알 수 있습니다.

데이트는 만남이고 어떠한 환경에서 이루어지게 됩니다.
데이트를 선호하는 환경에 따라 즐겁거나 불편함이 지속될 수 있으므로
서로 만족할 수 있는 데이트 환경을 인식하고 조율하기 위해 측정합니다.

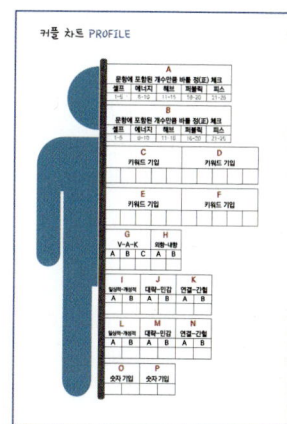

I. 언어 단위 - 표현 스타일

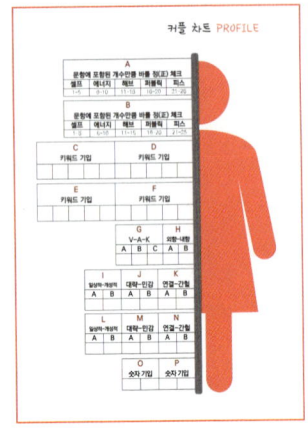

언어를 표현하는 스타일에 대해 측정합니다.
직접적으로 추진력 있고 해결할 수 있는
메시지와 결정 전달을 하는지
간접적으로 충분한 내용 전달과 조율하는
메시지를 전달하는지 알 수 있습니다.

말하기는 표면으로 나타나는 의사 전달입니다.
스타일에 따라, 결론이 없고 답답하다거나
과정이 없고 배려가 없다고 생각할 수 있기 때문에
표현 스타일의 장점을 유지하면서
관계의 필요한 부분을 조율할 수 있도록 도와드립니다.

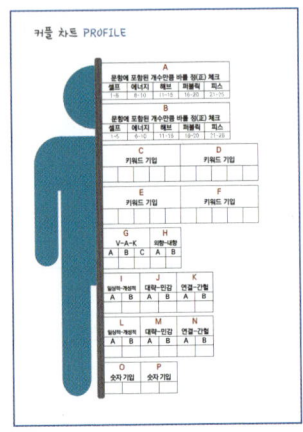

J. 이성적/감성적 – 공감 스타일

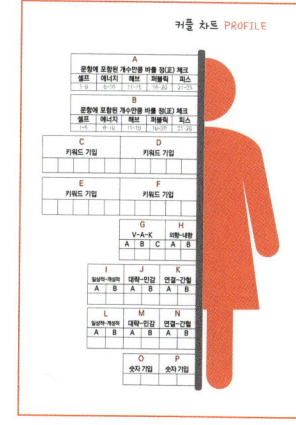

서로의 판단 기준을 알 수 있는 공감 스타일을 측정합니다.

눈에 보이는 결과인
이성, 사실, 가치, 현실적인 것에 판단의 기준점을 두는지
눈에 보이지 않는 과정인
감성, 의미, 추상적인 것에 판단의 기준점을
두는지를 측정합니다.
판단을 결정하는 부분의 방향성이자 시작점이라
이해가 부족할 경우 불평불만의 시작이 될 수 있기 때문입니다.
서로의 판단 기준을 존중하고 서로 공감할 수 있는 조화를 제시합니다.

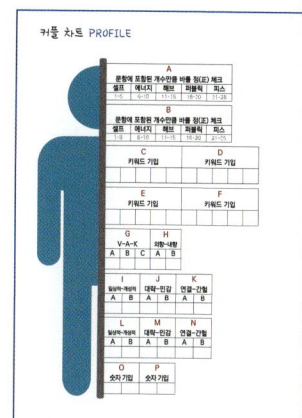

K. 계획성/유연성 – 생활 방식

평상시에 나타나는 모습과
데이트에서 나타나는 모습이 다르게 나타나는
경우가 있습니다. 개인의 생활 방식과
데이트에서 꾸며지는 생활 방식을 이해하는 데 도움이 됩니다.

특히, 여행이나 계획적인 일에서
커플의 생활 양식이 극명하게 드러납니다.
안정, 효율, 대중적인 체계를 정함과
순간, 지금의 개인적인 자유 선택에 있어서
온도 차를 알 수 있습니다.

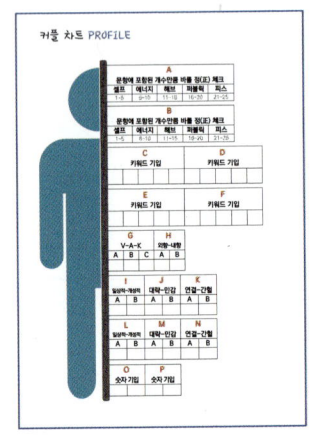

L. 일상적/개성적 - 데이트 방식

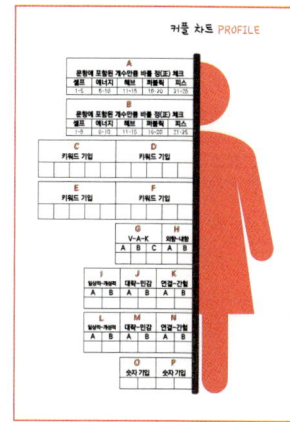

서로의 선호하는 데이트 방식을 이해할 수 있습니다.
일상적, 친밀감, 편안함을 추구하는 방식과
개성적, 독특함, 새로움을 추구하는 방식의 비중을 알 수 있습니다.
이로 인해 서로 노력하고 이해하는 지침이 될 수 있습니다.

나는 나이기에 나만의 방식이 자연스럽게 나오고 그것을 고집할 수도 있습니다.
나의 방식만 고집할 것이 아니라 상대의 데이트 방식을 존중해야 서로가
만족할 수 있게 적절한 균형을 이룰 수 있습니다.

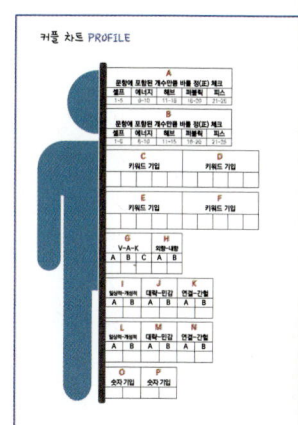

M. 약속 민감도
- 분위기를 결정하는 감정 범위

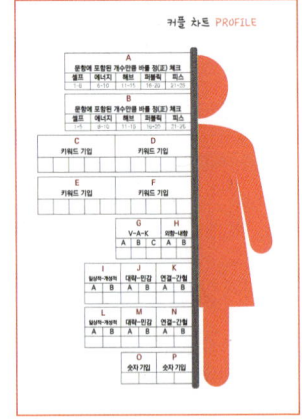

약속 민감도는 무의식 차원에서 진행되는
분위기를 결정합니다. 연애의 시작이면서
무의식의 감정선이기에 모든 것에 영향을 끼칩니다.

일반적으로 허용 오차가 크므로 완만하게 이해되거나 조율됩니다만 높은
민감도로 인해 계속해서 연애가 이어지지 않는 대상이나 서로의 간격이
클 경우 이해와 솔루션을 제공합니다.

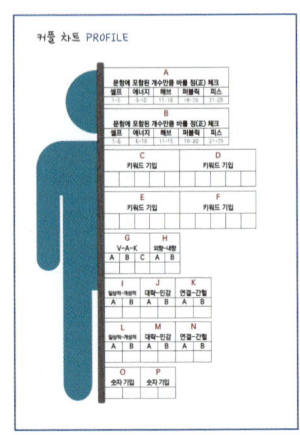

N. 연락 친밀도 – 정서적 기준

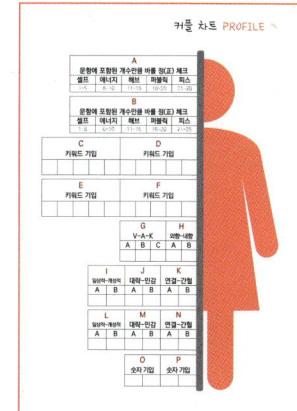

서로 간의 정서적 인지와 이격을 줄이고
공감하며 서로에 맞게 조절하기 위해 측정됩니다.
모든 생활과 연애를 연결하지 않고
일과 사랑의 분배를 똑똑하게 하기 위함입니다.

연애에서 정서적 기준으로까지 언급되는 이유는
어필 포인트로 '연락 잘해요'나 중요 요소로 '항상 연락이 닿아야 한다'가
실제로 중요 잣대로 평가되기 때문입니다.
나에게 집중했으면 좋겠다는 마음이 있고
서로가 1순위이길 바라기 때문입니다.
행복 본능, 본능적 행복을 연락 친밀도로 연결하는 것에
옳고 그름, 정답과 오답이란 잣대는 존재하지 않습니다만
서로가 이해하고 공감할 수 있는
정서적 기준선을 인식하고 조절하기 위함입니다.

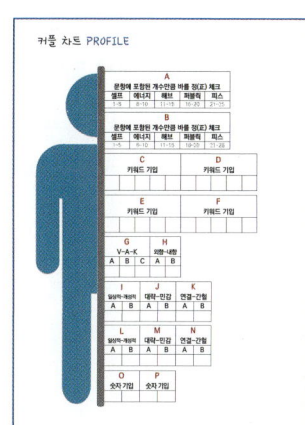

O. 연애 이슈
– 연애 중 나타나는 부정적 패턴

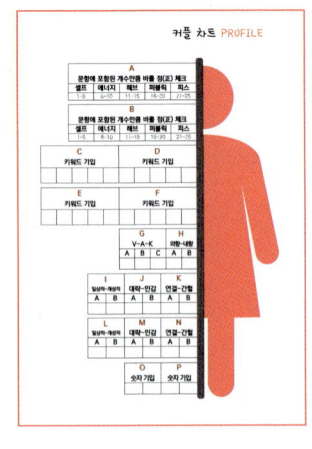

반복된 상황으로 반응하는 무의식적
표현 방식입니다.
우리는
원치 않은 만남
원치 않은 연애 방식
원치 않은 헤어짐을 겪습니다.
이런 결과에는 이러한 결과가 일어날
수밖에 없는 원인이 있기도 합니다.

자신의 기질은 장점의 밝은 면이 있는가 하면
그림자라 할 수 있는 부정적 패턴도 가지고 있습니다.
부정적 패턴을 알아차리고
건강한 사고와 행복한 연애를 위해서는
반드시 인식하고 중화해야 할 요소입니다.

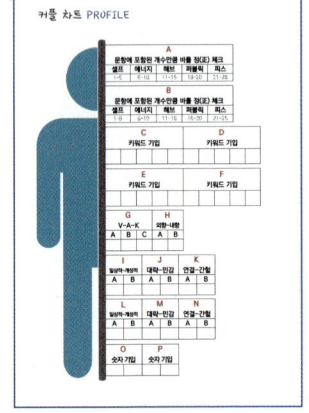

P. 원하는 이슈 - 상대에게 바라는 반응

상대에게 바라는 마음으로 실제로 해줬으면 하는 반응입니다.
연애를 하면서 우리는 상대와 좋은 시간, 좋은 만남이 되길
바랍니다. 불편한 마음을 계속 가지고 있지 않길 바라며
앞으로도 잘 지내고 싶어 합니다.
원하는 바람은
이렇게 해주면 좋아할 마음이고,
이상적인 관계까지 생각하게 합니다.
그런데 바로 이 '좋아할 마음'과 '이상적인 관계'란 것이
너무 불명료하여 알기 어렵습니다.

자기 자신도 몰랐거나
어렴풋이 원했던 반응을 알게 되고
실제로 상대가 바라는 반응을 하고,
자신이 원하는 반응을 받게 될 때
이슈는 해소되며 관계는 확장되어 깊어집니다.

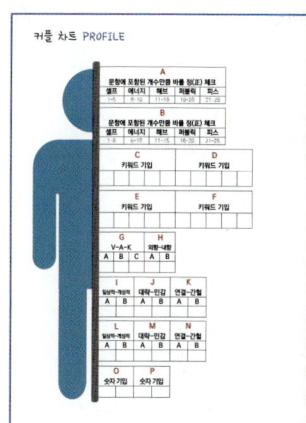

6
커플 차트 기본 개념 5가지
차트 분석을 위한 중요 요소

차트 분석을 위한 중요 요소

커플 차트 기본적인 12가지 연애 특성 요소를 알았다면
이제는 조금 더 심층적인 내용을 알고 싶어 할 것입니다.
커플 차트 12가지의 요소에서
A 영역의 내용을 읽고 체크된 작성지의 요소를 이해하고
B 영역의 내용을 읽고 체크된 작성지의 요소를 이해하고
C 영역의 내용을 읽고 체크된 작성지의 요소를 이해하고
.
.
.
P 영역의 내용을 읽고 체크된 작성지의 요소를 이해합니다.
이렇게 하나하나 이해하다 보면 전체적인 내용 파악과 자신을 관통하는 무언가를 느꼈으리라 짐작합니다.
체험하지 않고 눈으로 읽었거나 대충 하지 않았다면 말이지요.
커플 차트 기본 개념 5가지는 말 그대로 큰 개념이지만,
이 5가지 개념을 알고 있는 것과 모르고 차트를 보는 것에는
아주 큰 차이가 존재합니다. 심도 있는 알아차림을 얻을 수 있는 커플 차트 기본 개념 5가지를 살펴봅니다.

커플 차트 기본 개념 5가지

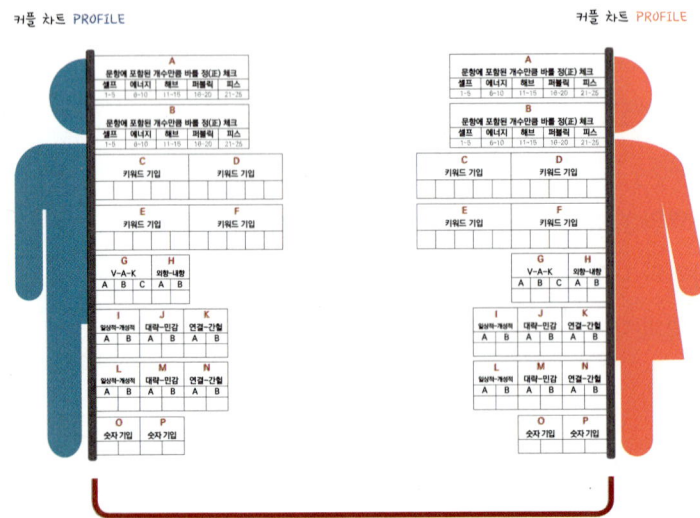

1) 감추어진 부분(음) - 드러나는 부분(양)
2) 감추어진 부분(음) - 드러나는 부분(양)의 충돌
3) 드러나지 않는 부분의 음과 양 - 드러나는 부분의 음과 양
4) 생활 방식의 음과 양 - 데이트 방식의 음과 양
5) 음의 정보 - 양의 정보

커플 차트의 분석은 커플 차트 교육을 이수한 디브리퍼가
자세한 측정 및 상담을 합니다. 일반인들도 쉽게 이해할 수 있도록
기본 개념 5가지를 살펴봅니다.

(1) 음 – 양

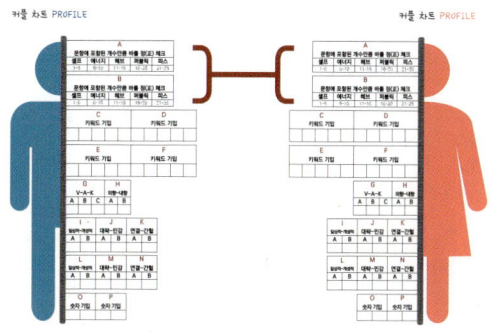

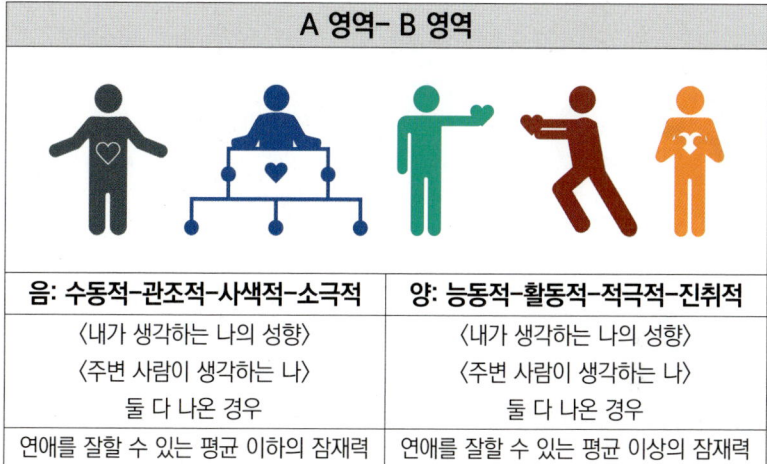

A 영역- B 영역	
음: 수동적-관조적-사색적-소극적	양: 능동적-활동적-적극적-진취적
〈내가 생각하는 나의 성향〉 〈주변 사람이 생각하는 나〉 둘 다 나온 경우	〈내가 생각하는 나의 성향〉 〈주변 사람이 생각하는 나〉 둘 다 나온 경우
연애를 잘할 수 있는 평균 이하의 잠재력	연애를 잘할 수 있는 평균 이상의 잠재력

셀프 타입은 에너지 타입에 가까운 셀프 타입과
피스 타입에 가까운 셀프 타입에 따라 달리 나타납니다.
퍼블릭 타입과 피스 타입임에도 연애를 잘하는 경우는 2가지입니다. 하나는 학교, 회사, 모임 등에서 자주 보는 환경이나 주변의 소개 등이고 또 하나는 D 영역과 밀접한 관련이 있습니다. 여기서 말하는 연애를 잘한다는 것은 능동적인 연애의 시작을 말합니다.

(2) 음 - 양 충돌

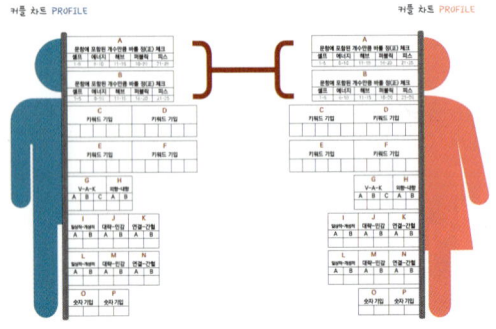

A 영역 - B 영역
(A와 B 타입이 충돌 타입으로 나올 때)

남자의 경우 셀프 타입 + 해브 타입
여자의 경우 셀프 타입 + 퍼블릭 타입

연애를 하기 전에는 사귀고 싶다가도 막상 사귀면 혼자가 편했다고 생각합니다.
그러다 헤어지면 혼자 있는 것보단 둘이 좋았다며 외롭다고 합니다. 자유와 소유, 자유와 책임이 충돌합니다.

좋은 한 사람과 잘 만나 안정적인 연애를 하는 것과
많은 이성과 화려하게 연애를 하고 싶은 두 마음이 충돌합니다.
이런 충돌로 인해 연애를 잘하다가도 급작스러운 이별을 통보할 가능성을 열어둡니다.

이성을 찾다가도 막상 사귀는 기회가 오면 귀찮아합니다.
합리화는 해야겠기에 상대의 단점을 비판하거나 합리화합니다. '다음 기회에 사귀지'라고 했다가 다시
그 기회가 오면 또 귀찮아하며 미루어 버립니다.

생각의 깊이가 있는 사람을 만나고 싶은 마음과
어리고 예쁜 여성, 멋진 남성과 만나고 싶어 합니다.
생각의 깊이가 맞으면 나이가 어리지 않고
나이가 어리고 마음에 들면 생각의 깊이가 없어
계속해서 두 마음이 충돌합니다.

(3) 음의 양/음의 음 - 양의 음/양의 양

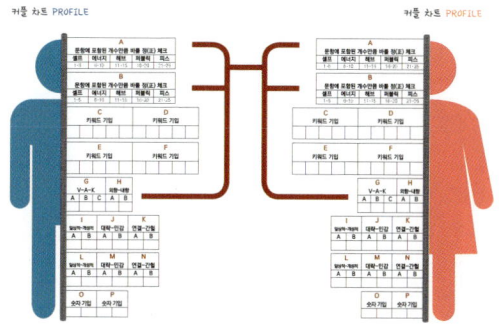

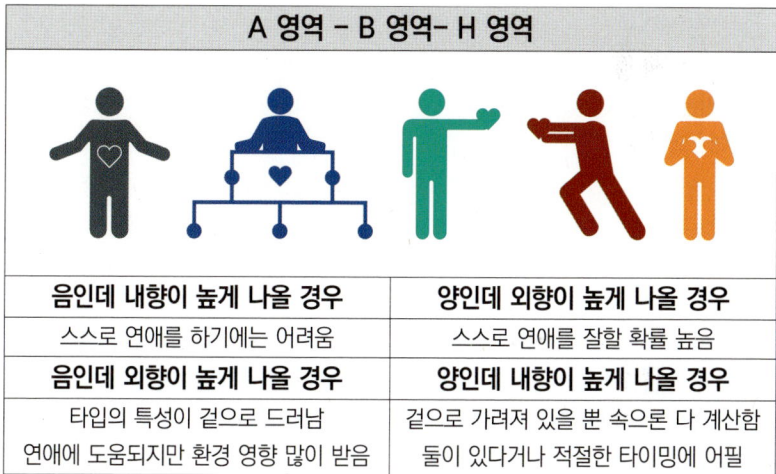

음인데 내향이 높게 나올 경우	양인데 외향이 높게 나올 경우
스스로 연애를 하기에는 어려움	스스로 연애를 잘할 확률 높음
음인데 외향이 높게 나올 경우	양인데 내향이 높게 나올 경우
타입의 특성이 겉으로 드러남 연애에 도움되지만 환경 영향 많이 받음	겉으로 가려져 있을 뿐 속으론 다 계산함 둘이 있다거나 적절한 타이밍에 어필

커플 차트의 영역은 하나하나 수치를 측정할 수 있지만 10가지의 측정이 유기적으로 연결되어 있기에 필요에 따라 영역을 통합해서 봐야 합니다.

(4) 생활 방식과 데이트 방식에서의 음과 양

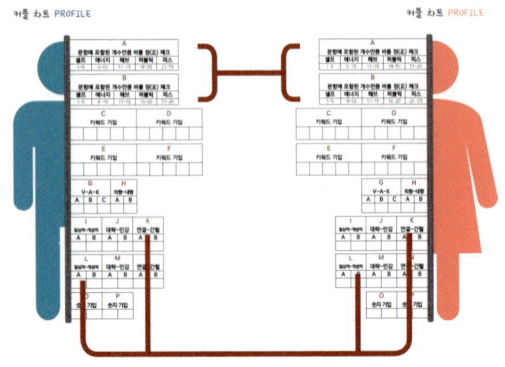

A 영역	B 영역	K 영역	L 영역
나	겉	의도	나
기본 특질	실제	바람	다중성
대표적 성향	사회적 매너	추구하는	섞여있는
속마음	노력하는	결핍	드러난
원래의 나	하는 척하는	욕구	알 수 없는
자연스런 나	남을 의식하는	욕망	지금의 나

각 A 영역 자체로, B 영역 자체로, K 영역 자체로, L 영역 자체로 나타난 차트를 보고 해석할 수 있습니다. 그러나 조금 더 깊은 차트를 이해하고 싶다면 K 영역을 기준으로 A 영역, B 영역, L 영역을 봐야 합니다.
L 영역을 기준으로
A 영역, B 영역, K 영역에서 가장 두드러진 것은 무엇인지
L 영역을 기준으로
A 영역, B 영역, K 영역이 어떻게 섞여있는지
L 영역을 기준으로 A 영역에서는 무엇을 선택했는지
L 영역을 기준으로 B 영역에서는 무엇을 선택했는지
L 영역을 기준으로 K 영역에서는 무엇을 선택했는지
등을 통합적으로 봐야 합니다.
선택된 키워드의 의미와 범주를 아는 것이 중요하지만
커플 차트 디브리퍼가 아니므로 가치관, 성향, 사랑의 방식의 큰 개념 정도만 알아두어도 좋습니다.

(5) 외부 정보 - 내부 정보

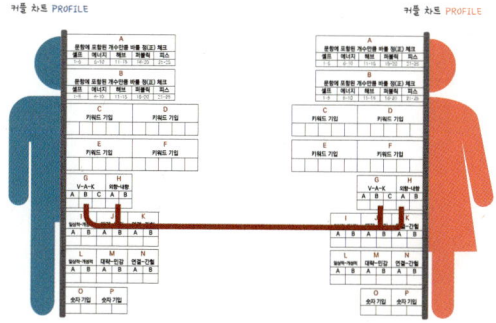

	G 영역 - H 영역			
Visual	Auditory	Kinaesthetic	Extraversion	Introversion
시각적	청각적	촉각적	외향	내향
언어적인 요소			비언어적인 요소	
외모, 옷차림, 목소리 등			느낌, 가치관, 이상형, 직관 등	
외부 정보			내부 정보	
시각적, 청각적, 외향을 종합하여 판단			촉각적, 내향을 종합하여 판단	

G 영역의 정보를 가지고 A 영역과 B 영역의 특성을 연결하여 판단합니다.
H 영역의 정보를 가지고 A 영역과 B 영역의 특성을 연결하여 판단합니다.

커플 파일

커플 이력서

커플 파일

커플 파일은 일명 연애 이력서라고 불립니다.
자신의 연애에 대한 목적으로 자신의 정보를 기재합니다.
연애 이력서를 작성하면서 스스로가 자신의 정보를 알게 됩니다. 사랑하는 상대가 받는 것이기에 솔직하고 재미있게 작성할 수 있습니다. 그리고 또 하나의 장점으로는 상대에 대한 기대와 공약도 포함되어 있어 자신의 의지와 방향성 또한 전달할 수 있습니다.

보통은 20대나 연애 초기에 커플을 대상으로 하는데 이유는 손발이 오그라드는 알콩달콩한 닭살 커플들이 할 수 있는 항목들이 있기 때문입니다. 오래된 커플 또한 커플 파일을 작성한 뒤 서로에 대해 새로운 발견으로 놀라는 경우가 많습니다.
3년을 연애했지만 이런 생각과 이런 면이 있는지 몰랐다거나
연애 초기에 알았다면 더 사랑하고 덜 힘들었을 것이라거나
새롭게, 다시 연애 초반으로 간 느낌이라고도 합니다.

커플 파일은 서로의 추측이나 기억에 의존하지 않고 기록으로
남기므로 자신에게, 상대에게도 유익합니다. 커플 파일은 9가지 항목을 작성합니다.

A. 가치관

B. 성향

C. 연애 태도

D. 함께 하고픈 데이트

E. 이런 모습(매력)도 있어

F. 이런 모습(매력) 보고 싶어

G. 이런 거 좋아해

H. 이러면 화 풀려

I. 사랑 쿠폰

커플 파일을 작성하면서 자신에 대해, 상대에 대해, 서로가 유익된 시간이 될 것을 확신합니다. 안내에 따라 진행하다 보면 예쁘고 멋진 커플 파일, 연애 이력서가 작성될 것입니다.

커플 파일 작성법

▶ 이름을 적고 자신의 사진을 붙입니다.
▶ A부터 I까지 항목에 맞게 작성합니다.

연애 이력서 커플 파일은 혼자 작성하여 본인의 연애 이력서를
알아차릴 수도 있고 상대에게 줄 수도 있습니다.
커플이라면 상대와 교환하여 자신과 상대의 커플 파일을 파악
하고 이행할 수 있습니다.
파트너와 커플 파일을 교환할 때에는 복사를 하거나
간단하게 핸드폰으로 사진을 찍어 자신의 것을 인지하고
있어야 합니다.

단 한 장으로 작성한 커플 파일은 단순하고 직접적이며 명료합니다. 상대를 파악하고 상대에 대한 태도, 함께 데이트할 스타일, 매력 어필과 화 푸는 방법까지 효용적인 커뮤니케이션을 할 수 있습니다. 물론 재미있는 시간으로 화기애애한 분위기로 진행됩니다. 그럼 나와 너의 핫하고 러블리한 연애 이력서를 작성해 볼까요?

예시 1 커플 파일

이름
김남진(남)

	D. 함께 하고픈 데이트 1. 제주도 여행 2. 함께 쇼핑 3. 호캉스
	E. 이런 모습도 있어 1. 금융 자격증 2. BTS 노래 잘함 3. 수준급의 목공 실력
	F. 이런 모습 보고 싶어 1. 최고로 꾸민 모습 2. 이벤트 3. 다른 패션 스타일
A. 가치관 1. 용기 2. 부 3. 성취	**G. 이런 거 좋아해** 1. 즉흥 여행 2. 커플 모임 3. 클럽에서 춤추기
B. 성향 1. 목표 2. 현실적 3. 통솔력	**H. 이러면 화 풀려** 1. 술자리 2. 애교 3. 세차하기
C. 연애 태도 1. 열정 있는 목소리 2. 맞장구 3. 관심 있는 대화	**I. 사랑 쿠폰** 1. 이벤트 2. 잔소리 1일 정지 사용권 3. 이건 넘어가자 거절권

예시 2 커플 파일

이름
홍성진(남)

	D. 함께 하고픈 데이트 1. 강아지와 산책 2. 자전거 3. 드라이브
	E. 이런 모습도 있어 1. 태권도 3단 2. 고등부 글짓기 대회 입상 3. 사진 잘 찍어
	F. 이런 모습 보고 싶어 1. 나만을 위한 요리 2. 솔직한 표현 3. 복근
A. 가치관 1. 자율 2. 도전 3. 발전	**G. 이런 거 좋아해** 1. 문고에서 책 보기 2. 팬시상품 3. 레트로 물건
B. 성향 1. 재능 2. 공감 3. 이상주의	**H. 이러면 화 풀려** 1. 편지 쓰기 2. 나만의 생각할 시간 3. 하루 종일 자기
C. 연애 태도 1. 감성존중 2. 생각할 수 있는 시간 3. 깊이 있는 대화	**I. 사랑 쿠폰** 1. 이야기 끝까지 들어주기 2. 어린 시절 사진 보여주기 3. 내 마음대로 데이

예시 3 커플 파일

이름	
이미나(여)	
	D. 함께 하고픈 데이트 1. 공연 보러 다녀요 2. 예쁜 카페 다녀요 3. 못 가본 국내 여행지 가요
	E. 이런 모습도 있어 1. 730타 2. 포토샵 잘해 3. 엑셀 잘해
	F. 이런 모습 보고 싶어 1. 섬세한 면 2. 힘든 모습도 보여주기 3. 당당한 모습
A. 가치관 1. 인정 2. 소속감 3. 신뢰성	**G. 이런 거 좋아해** 1. 일기 쓰기 2. 먼저 연락하기 3. 커플 모임
B. 성향 1. 수용 2. 신중 3. 배려	**H. 이러면 화 풀려** 1. 평소 사고 싶었던 물건 구입 2. 화 풀릴 때까지 얘기 들어주기 3. 맛있는 거 먹기
C. 연애 태도 1. 편안한 분위기 2. 서로 존중하는 대화 3. 다정다감 대화	**I. 사랑 쿠폰** 1. 카톡 대문 커플 사진 올리기 2. 커플룩 입기 3. 일주일 금연

커플 파일 〈남〉

이름	
사 진	D. 함께 하고픈 데이트 1. 2. 3.
	E. 이런 모습도 있어 1. 2. 3.
	F. 이런 모습 보고 싶어 1. 2. 3.
A. 가치관 1. 2. 3.	G. 이런 거 좋아해 1. 2. 3.
B. 성향 1. 2. 3.	H. 이러면 화 풀려 1. 2. 3.
C. 연애 태도 1. 2. 3.	I. 사랑 쿠폰 1. 2. 3.

커플 파일 〈여〉

이름	
사 진	D. 함께 하고픈 데이트 1. 2. 3.
	E. 이런 모습도 있어 1. 2. 3.
	F. 이런 모습 보고 싶어 1. 2. 3.
A. 가치관 1. 2. 3.	G. 이런 거 좋아해 1. 2. 3.
B. 성향 1. 2. 3.	H. 이러면 화 풀려 1. 2. 3.
C. 연애 태도 1. 2. 3.	I. 사랑 쿠폰 1. 2. 3.

A. 가치관 1-1

평소 자신의 가치관과 똑같거나 추구하는 키워드 3가지를 선택하세요.

앎	흥미로운 일에 깊이 알고자 함	변화와 즉흥	변화무쌍하고 예측 불가능한 것
분별	삶에 대한 이해와 올바른 판단	창조성	새롭게 전에 없던 것을 만듦
자기 존중	자존감, 자신에 대한 깨달음	예술	음악, 그림 등으로 표현하는 활동
자기 계발	잠재 능력 개발	영향력	결정에 의견을 반영하고자 하는 힘
창의성	상상력을 보여 주는 것	친밀함	가깝고 애정이 넘치는 관계
자율	제약 없이 행동할 수 있는 능력	용기	믿는 바를 지키려는 의지
우정	친밀한 관심과 관계	경쟁	목표를 쟁취하기 위한 대립
독립성	통제로부터 해방	인정	잘한 일에 대한 긍정적인 반응
육체적 건강	건강한 신체 유지	공헌	타인에게 기여하고 이바지함
자연	자연에 대한 관심과 감사	지적 능력	지적인 전문성을 추구
다양한 관점	독특한 생각과 의견들	배움	지속적 학습
자신감	자신에 대한 인정과 긍지	청렴성	정직한 가치관에 충실함
기쁨	즐거움 등이 충족되어 흡족한 마음	베풂	사람을 도와주거나 혜택을 받게 함
도전	가능성의 기회를 찾아 과감하게 시작	내적 조화	내적 평화
모험	도전해 보고 싶은 새로운 기회와 자극	공동체	목적을 위해 봉사하는 것

키워드-1	키워드-2	키워드-3

A. 가치관 1-2

평소 자신의 가치관과 똑같거나 추구하는 키워드 3가지를 선택하세요.

지혜	지식과 경험으로 올바른 판단		책임감	결과에 대한 책임
존경	존경과 동경		발전	성장하거나 더 높은 단계로 나아감
전통	관습에 대한 존중		다양성	다양한 활동과 경험의 추구
영성	종교적 믿음		부	물질적인 번영
정의	옳은 일을 하는 것		목표	행동을 취하여 이루려는 곳
명성	타인에게 인정받고 유명해짐		경제	재정적인 근심으로부터 해방
협력	서로 밀접하게 힘을 합하여 도움		결과	주어진 일을 완수함
의무감	자기가 맡은 역할에 충실함		성취	뭔가 해냈다는 느낌
소속감	다른 사람과의 상호 작용		지배	자기의 의사대로 다스림
신뢰성	믿을 만하고 성실하다고 알려지는 것		발전	잠재력을 극대화
충실함	성실하고 꾸준하여 단단함		승리	겨루어서 이김
권위	지휘하거나 통솔하여 따르게 하는 힘		소유	보유하여 가지게 됨
안정감	적절한 보상		장악	마음대로 할 수 있는 힘
균형	예측 가능하고 일반적 기준		파급력	태도나 의견에 영향
질서	혼란 없이 이루어지는 순서		풍요	금전적 성공

키워드-4	키워드-5	키워드-6

A. 가치관

이름	
사 진	D. 함께 하고픈 데이트 1. 2. 3.
	E. 이런 모습도 있어 1. 2. 3.
	F. 이런 모습 보고 싶어 1. 2. 3.
A. 가치관 **1.** **2.** **3.**	G. 이런 거 좋아해 1. 2. 3.
B. 성향 1. 2. 3.	H. 이러면 화 풀려 1. 2. 3.
C. 태도 1. 2. 3.	I. 사랑 쿠폰 1. 2. 3.

선택한 6개 중 우선순위 3개를 'A. 가치관'란에 기입합니다.

B. 성향 1-1

평소 자신의 성향과 똑같거나 비슷한 키워드 3가지를 선택하세요.

초연함	현실에 아랑곳하지 않고 의연함		원칙	일관된 기본적인 규칙
자유	자기 마음대로 할 수 있는 상태		신뢰	굳게 믿고 의지함
순수함	사사로운 욕심이 섞이지 않음		성실	꾸준하게 노력하는 진실한 성향
독특함	여러 관점에서 특별하게 다름		규범	사회생활의 질서나 제도 유지
거시적	넓은 안목으로 바라보는 관점		의무	마땅히 하여야 할 일
공평성	동등한 기회		사회성	조직을 지지하고 수용하는 역량
분별	이상을 실현시키려는 생활 태도		퀄리티	뛰어나고 우수한 역량
공감	남의 감정을 예민하게 지각		목표	목적을 이루려는 의도된 결과
인간적	사람과의 관계에서 지켜야 할 도리		자신감	자신이 있다는 느낌
독립성	의존하지 않고 제어하는 상태		현실적	실제로 얻을 수 있는 이익
관계 구축	우호적인 인간관계를 만듦		통솔력	이끌어 가는 능력
명예	훌륭하다고 인정		물질욕	재물을 탐내는 마음
안정	일정한 상태를 유지함		집중력	1가지 일에 힘을 모음
리더십	자발적으로 참여 유도시키는 능력		추진력	목표를 향하여 밀고 나아가는 힘
책임감	맡은 일에 대한 의무나 부담		결과물	끝맺으며 만들어 낸 성과

키워드-1	키워드-2	키워드-3

B. 성향 1-2

평소 자신의 성향과 똑같거나 비슷한 키워드 3가지를 선택하세요.

뚜렷한	분명한 생각	이상주의	이상을 세우고 실현시키려는 태도
야망	크게 무엇을 이루어 보겠다는 희망	신중	결과에 영향을 미치는 부분을 점검
적극적	대상에 대한 태도가 긍정적이고 능동적	소유욕	자기 것으로 만들려는 마음
이타주의	사랑하는 마음으로 목적을 행함	사교성	남과 사귀기를 좋아하는 성질
삶의 의미	본질적인 가치	표현	자신의 생각과 감정을 표현함
지혜	사물의 이치를 식별하는 정신적 능력	도전	어떤 것을 해보려고 계획하거나 행동
예의	존경을 위해 나타내는 말투나 몸가짐	열정	열렬한 애정을 가지고 열중하는 마음
순종	순순히 따름	재미	즐거운 느낌이나 마음
수용	인간적으로 인식하여 받아들임	즉각적	마음에 흡족함
겸손	자기를 내세우지 않고 남을 존중함	가능성	성장하거나 실현될 수 있는 성질
지성미	지적인 사고를 갖춤	새로움	전과 다른
봉사심	공공이나 남을 위해 애쓰는 마음	실용적	실제로 쓰이는 것
지적	어떤 분야를 체계적으로 배워서 익힘	활동성	성과를 거두기 위해 활동함
배려	주장을 굽혀 상대를 위해 마음을 씀	생산적	실제적인 결론을 이끌어 냄
포용력	너그럽게 감싸 주거나 받아들이는 힘	재능	필요한 재주와 능력

키워드-4	키워드-5	키워드-6

B. 성향

이름	
사 진	D. 함께 하고픈 데이트 1. 2. 3.
	E. 이런 모습도 있어 1. 2. 3.
	F. 이런 모습 보고 싶어 1. 2. 3.
A. 가치관 1. 2. 3.	G. 이런 거 좋아해 1. 2. 3.
B. 성향 **1.** **2.** **3.**	H. 이러면 화 풀려 1. 2. 3.
C. 연애 태도 1. 2. 3.	I. 사랑 쿠폰 1. 2. 3.

선택한 6개 중 우선순위 3개를 'B. 성향'란에 기입합니다.

C. 연애 태도

평소 원하는 대화 방식 3가지를 선택하세요.

1	제 감성을 존중해주세요	16	배려해주세요
2	지시나 강요 말고 제안해주세요	17	품위 있게 말해주세요
3	생각할 수 있는 시간을 주세요	18	모두를 신경 써주세요
4	기분 좋은 분위기	19	맞장구쳐주세요
5	개성을 인정해줘요	20	칭찬과 인정 해주세요
6	따뜻한 분위기	21	우리 대화해요~ 수다도 좋아요~
7	결론 중심으로 말해주세요	22	친절하게요
8	공과 사는 구분해주세요	23	다정다감한 말투
9	또박또박한 말투	24	관심 있는 대화
10	큰 목소리로요	25	약속 지켜줘요
11	열정 있는 목소리	26	믿음을 갖게 해줘요
12	잘 하는 거 봐줘요	27	서로 존중하는 대화
13	깊이 있는 대화	28	믿을 수 있는 근거를 대주세요
14	여유 있게 말해요	29	이성적으로 말해주세요
15	편안한 분위기	30	D.I.Y

번호 또는 문장-1	번호 또는 문장-2	번호 또는 문장-3

C. 연애 태도

이름	
사 진	D. 함께 하고픈 데이트 1. 2. 3.
	E. 이런 모습도 있어 1. 2. 3.
	F. 이런 모습 보고 싶어 1. 2. 3.
A. 가치관 1. 2. 3.	G. 이런 거 좋아해 1. 2. 3.
B. 성향 1. 2. 3.	H. 이러면 화 풀려 1. 2. 3.
C. 연애 태도 **1.** **2.** **3.**	I. 사랑 쿠폰 1. 2. 3.

선택한 3개를 'C. 연애 태도'란에 기입합니다.

D. 함께 하고픈 데이트

함께 하고 싶은 취미나 관심사 3가지를 선택하세요.

1	강아지랑 산책해요	16	같은 취미 만들어요
2	전시회나 미술관 다녀요	17	노래방에서 같이 불러요
3	외국어 공부해요	18	맛집 탐방해요
4	공연 보러 다녀요	19	도서관 다녀요
5	등산 다녀요	20	출사 다녀요
6	영화 보러 가요	21	한강에서 치맥 해요
7	같이 운동해요	22	봉사활동 해요
8	예쁜 카페 다녀요	23	놀이공원 가요
9	내 취미활동을 함께 해요	24	커플 요가 해요
10	제주도 여행 가요	25	드라이브 해요
11	불타는 금요일을 함께	26	호캉스 가요
12	못 가본 국내 여행지 가요	27	주말엔 함께 해요
13	마라톤 참여해요	28	밤바다 보러 가요
14	함께 쇼핑해요	29	스포츠 관람 좋아요
15	자전거 타요	30	D.I.Y

번호 또는 문장-1	번호 또는 문장-2	번호 또는 문장-3

D. 함께 하고픈 데이트

이름	
사 진	**D. 함께 하고픈 데이트** 1. 2. 3.
	E. 이런 모습도 있어 1. 2. 3.
	F. 이런 모습 보고 싶어 1. 2. 3.
A. 가치관 1. 2. 3.	G. 이런 거 좋아해 1. 2. 3.
B. 성향 1. 2. 3.	H. 이러면 화 풀려 1. 2. 3.
C. 연애 태도 1. 2. 3.	I. 사랑 쿠폰 1. 2. 3.

선택한 3개를 'D. 함께 하고픈 데이트'란에 기입합니다.

E. 이런 모습도 있어

상대에게 어필할 수 있는 3가지를 선택하세요.

1	무술 고단자	16	천만 원 저금했어
2	팝핀 입상 경력	17	국토 대장정
3	용감한 시민상	18	둘레길 완주
4	학창 시절 운동선수	19	암벽등반
5	각종 자격증	20	엑셀 잘해
6	글짓기 대회 입상	21	포토샵 잘해
7	달리기 12초	22	피팅 모델 했어
8	30킬로 다이어트 성공	23	30분에 4가지 반찬 뚝딱
9	아이돌 연습생	24	은근 허당
10	3천 명 구독 유튜버	25	마음 여려서 잘 운다
11	각종 대회 참가 경험	26	의외로 대범함
12	720타	27	유치함
13	노래 잘해	28	찌질함
14	춤 잘 춰	29	생각보다 넓은 내면의 세계
15	마술 좀 해	30	D.I.Y

번호 또는 문장-1	번호 또는 문장-2	번호 또는 문장-3

보기 문장에 힌트를 얻어 커플 파일 '이런 모습도 있어'란에 기입합니다.

E. 이런 모습도 있어

이름	
사 진	D. 함께 하고픈 데이트 1. 2. 3.
	E. 이런 모습도 있어 1. 2. 3.
	F. 이런 모습 보고 싶어 1. 2. 3.
A. 가치관 1. 2. 3.	G. 이런 거 좋아해 1. 2. 3.
B. 성향 1. 2. 3.	H. 이러면 화 풀려 1. 2. 3.
C. 연애 태도 1. 2. 3.	I. 사랑 쿠폰 1. 2. 3.

선택한 3개를 'E. 이런 모습도 있어'란에 기입합니다.

F. 이런 모습 보고 싶어

상대에게서 보고 싶은 3가지를 선택하세요.

1	지정곡 불러줘	16	마무리하는 끈기 있는 모습
2	최고로 꾸민 모습	17	웃긴 표정
3	운동하는 모습	18	힘든 모습도 보여주기
4	애교 보여줘	19	섬세한 면
5	사랑스런 눈빛	20	솔직한 표현
6	이벤트	21	다정다감
7	풀 메이크업	22	추진력 있는 행동
8	원피스	23	복근
9	치마 입은 모습	24	노 메이크업
10	정성껏 쓴 손 편지	25	사회생활(돈 좀 벌어)
11	멋진 춤 춰줘	26	다른 패션 스타일
12	후진할 때 옆모습	27	자신감 있는 큰 목소리
13	사람들 앞에서 당당한	28	바뀐 옷
14	막춤	29	야한 속옷 입은 모습
15	나만을 위한 요리	30	D.I.Y

번호 또는 문장-1	번호 또는 문장-2	번호 또는 문장-3

F. 이런 모습 보고 싶어

이름	
사 진	D. 함께 하고픈 데이트 1. 2. 3.
	E. 이런 모습도 있어 1. 2. 3.
	F. 이런 모습 보고 싶어 **1.** **2.** **3.**
A. 가치관 1. 2. 3.	G. 이런 거 좋아해 1. 2. 3.
B. 성향 1. 2. 3.	H. 이러면 화 풀려 1. 2. 3.
C. 연애 태도 1. 2. 3.	I. 사랑 쿠폰 1. 2. 3.

선택한 3개를 'F. 이런 모습 보고 싶어'란에 기입합니다.

G. 이런 거 좋아해

좋아하는 감성 3가지를 선택하세요.

1	술 마시고 춤추기
2	요리해서 나눠 먹기
3	일기 쓰기
4	음악 들으며 시체 놀이
5	강아지와 산책하기
6	먼저 연락하기
7	○○과자
8	로컬 음식 먹기
9	연주곡 듣기
10	운동으로 땀 흘리기
11	분위기 좋은 카페
12	화장품 구경
13	문고에서 책 보기
14	팬시상품 구경 및 구매
15	자전거 타요

16	유튜브 보기
17	셀카 찍기
18	일기 쓰기
19	청소하기
20	세차하기
21	찜질방
22	분식으로 폭식
23	조각 케이크와 커피
24	만화방에서 하루 종일 있기
25	레트로 물건
26	황학시장에서 물건 사기
27	한강 라이딩
28	즉흥 여행
29	커플 모임
30	D.I.Y

번호 또는 문장-1	번호 또는 문장-2	번호 또는 문장-3

G. 이런 거 좋아해

이름	
사 진	D. 함께 하고픈 데이트 1. 2. 3.
	E. 이런 모습도 있어 1. 2. 3.
	F. 이런 모습 보고 싶어 1. 2. 3.
A. 가치관 1. 2. 3.	G. 이런 거 좋아해 1. 2. 3.
B. 성향 1. 2. 3.	H. 이러면 화 풀려 1. 2. 3.
C. 태도 1. 2. 3.	I. 사랑 쿠폰 1. 2. 3.

선택한 3개를 'G. 이런 거 좋아해'란에 기입합니다.

H. 이러면 화 풀려

가장 쉽게 화가 풀리는 3가지를 선택하세요.

1	술자리	16	진심으로 사과
2	청소하기	17	이벤트
3	분위기 좋은 카페 가기	18	꽃다발
4	수집하기	19	애교
5	반성문	20	귀여운 표정
6	막 울기	21	무릎 꿇고 사과
7	감정을 글로 쓰기	22	각서
8	훌쩍 바다 보러 떠나기	23	계속해서 전화, 문자, 톡
9	선물	24	만화방에서 종일 있기
10	평소 사고 싶었던 거 구매	25	나만의 생각할 시간
11	대상 정해 험담하기	26	진심으로 미안하다는 한마디
12	운동으로 땀 흘리기	27	손잡아 주거나 안아주기
13	화 풀릴 때까지 얘기 들어주기	28	하루 종일 자기
14	맛있는 것 입에 쑥 넣어주기	29	평소처럼 먼저 웃어주기
15	집 앞 기다림	30	D.I.Y

번호 또는 문장-1	번호 또는 문장-2	번호 또는 문장-3

H. 이러면 화 풀려

이름	
사 진	D. 함께 하고픈 데이트 1. 2. 3.
	E. 이런 모습도 있어 1. 2. 3.
	F. 이런 모습 보고 싶어 1. 2. 3.
A. 가치관 1. 2. 3.	G. 이런 거 좋아해 1. 2. 3.
B. 성향 1. 2. 3.	**H. 이러면 화 풀려** **1.** **2.** **3.**
C. 연애 태도 1. 2. 3.	I. 사랑 쿠폰 1. 2. 3.

선택한 3개를 'H. 이러면 화 풀려'란에 기입합니다.

I. 사랑 쿠폰

상대 연인에게 해줄 수 있는 사랑 쿠폰 3가지를 선택하세요.

1	이야기 끝까지 들어주기	16	처음 만난 곳에서 같은 옷 입고 만남
2	원하는 날짜 무조건 하루 빼기	17	둘이 찍은 사진으로 앨범 만들기
3	특별한 요리 해주기	18	손 편지 써주기
4	카톡 프로필에 커플 사진 올리기	19	자유 시간 24시
5	잠들기 전, 전화로 사랑 노래 불러주기	20	원하는 애칭으로 불러주기
6	무조건 해주기	21	회사나 학교 앞에 와서 픽업해주기
7	도시락 만들어 소풍 가기	22	먼저 기분 풀어주기
8	커플룩 입기	23	지정한 곳에서 키스해주기
9	일주일 모닝콜	24	하루 사진 300장 찍어주기
10	좋아하는 이유 30개 적어주기	25	하루 종일 나랑 있기
11	잔소리 1일 정지 사용권	26	커플 사진을 회사 책상, 차량에 넣기
12	어린 시절 사진 보여주기	27	일주일 금연
13	이건 넘어가자 거절권 (앞으로도 언급X)	28	한 달 동안 음주하기
14	업어주기 이용권	29	30분 키스타임
15	내 맘대로 데이	30	D.I.Y 쿠폰

번호 또는 문장-1	번호 또는 문장-2	번호 또는 문장-3

I. 사랑 쿠폰

이름	
사 진	D. 함께 하고픈 데이트 1. 2. 3.
	E. 이런 모습도 있어 1. 2. 3.
	F. 이런 모습 보고 싶어 1. 2. 3.
A. 가치관 1. 2. 3.	G. 이런 거 좋아해 1. 2. 3.
B. 성향 1. 2. 3.	H. 이러면 화 풀려 1. 2. 3.
C. 연애 태도 1. 2. 3.	I. 사랑 쿠폰 1. 2. 3.

선택한 3개를 'I. 사랑 쿠폰'란에 기입합니다.

커플 파일

작성한 자신의 연애 이력서인 커플 파일을 보니 어떤가요?
막연히 생각했던 것, 불명료한 생각과 감정을 명료하게 선택하고 구체적으로 정리한 사실적인 커플 파일입니다.

수많은 커플들을 상담하면서 상대에 대한 마음은 가지고 있지만 추상적인 의미로만 가득 찬 연애 파트너들을 많이 보게 됩니다. 마음만 가득하지 실제로 느끼거나 해주는 것이 없고 상황과 환경들에 합리화와 핑계를 대는 것에 급급하기도 합니다.

커플 파일을 작성하면서 수많은 불명료한 의미와 스토리로 가득 찬 부분을 걷어내고 단순하게 문서화하는 작업을 완료하였습니다. 단순히 커플 파일을 작성한 것만으로 끝나지 않습니다.
먼저 이렇게 작성한 이유를 상대에게 공유합니다.
파트너는 충분한 이해와 공감을 하며 상대에 의도를 알아주어야 합니다. 자신의 자원으로 당신의 마음을 얻고 사랑하려는 진심 가득한 마음과 이유를 말이죠.
작성된 이유와 방법을 충분히 나누시길 바랍니다.

예시 커플 파일

이름	
사 진	**D. 함께 하고픈 데이트** 1. 2. 선택한 이유를 3. 서로 공유합니다.
	E. 이런 모습도 있어 1. 2. 선택한 이유를 3. 서로 공유합니다.
	F. 이런 모습 보고 싶어 1. 2. 선택한 이유를 3. 서로 공유합니다.
A. 가치관 1. 2. 선택한 이유를 3. 서로 공유합니다.	**G. 이런 거 좋아해** 1. 2. 선택한 이유를 3. 서로 공유합니다.
B. 성향 1. 2. 선택한 이유를 3. 서로 공유합니다.	**H. 이러면 화 풀려** 1. 2. 선택한 이유를 3. 서로 공유합니다.
C. 연애 태도 1. 2. 선택한 이유를 3. 서로 공유합니다.	**I. 사랑 쿠폰** 1. 2. 선택한 이유를 3. 서로 공유합니다.

업그레이드된 커플 파일

이력서가 업그레이드되듯 커플 파일은 계속해서 업그레이드됩니다. 업그레이드가 될수록 어필이 되고 선택의 만족도가 높아질 것입니다. 이력서는 자신의 것입니다.
그렇다고 자신의 것만을 강조해서도 안 됩니다.
연애는 상호 커뮤니케이션이기에 상대가 어떻게 받아들이는지 중요합니다. 커플 파일은 상대가 원하는 1가지를 요청, 삽입할 수 있습니다.

'나를 버려야 하느냐?'는 생각을 하고 있는 분이 계시다면
그 생각 자체가 고집과 고정된 틀이므로 자신을 고립시킵니다.
자신을 해치는 것도 아닙니다. 상대에 맞추어 일부 유연성을 발휘할 수 있다는 자체가 사랑의 증거이고 파워이며 자신감입니다. 결국 자신이 성장하는 것이고 서로를 성장시킵니다.
9가지 요소에서 1가지씩 상대가 원하는 것을 삽입할 수 있지만
일부러 꼭 다 할 필요는 없습니다.
필요하다고 느끼는 부분만 상대가 요청하면 됩니다.
업그레이드된 이력서를 완성하시기 바랍니다.

커플 파일 업그레이드하기

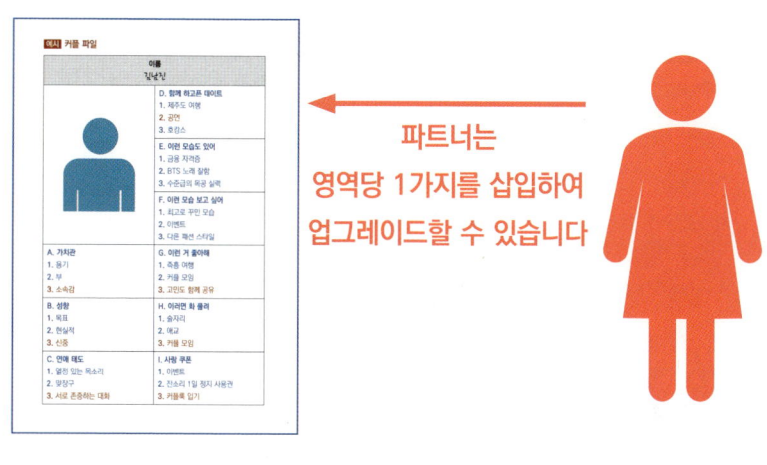

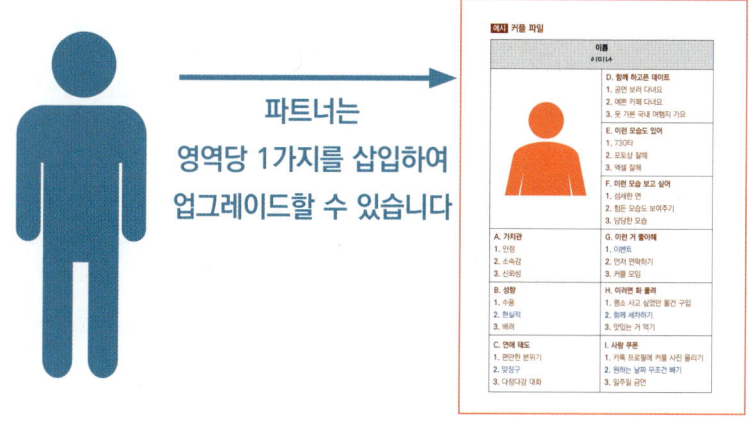

tip

모든 영역에 업그레이드할 필요는 없습니다.
파트너는 필요한 부분만 업그레이드합니다.
한 영역에 2가지를 초과할 수 없습니다.

예시 커플 파일

이름	
(남)	
사 진	**D. 함께 하고픈 데이트** 1. 2. 파트너는 1가지를 삽입, 요청하여 3. 업그레이드할 수 있습니다
	E. 이런 모습도 있어 1. 2. 파트너는 1가지를 삽입, 요청하여 3. 업그레이드할 수 있습니다
	F. 이런 모습 보고 싶어 1. 2. 파트너는 1가지를 삽입, 요청하여 3. 업그레이드할 수 있습니다
A. 가치관 1. 2. 파트너는 1가지를 삽입, 요청하여 3. 업그레이드할 수 있습니다	**G. 이런 거 좋아해** 1. 2. 파트너는 1가지를 삽입, 요청하여 3. 업그레이드할 수 있습니다
B. 성향 1. 2. 파트너는 1가지를 삽입, 요청하여 3. 업그레이드할 수 있습니다	**H. 이러면 화 풀려** 1. 2. 파트너는 1가지를 삽입, 요청하여 3. 업그레이드할 수 있습니다
C. 연애 태도 1. 2. 파트너는 1가지를 삽입, 요청하여 3. 업그레이드할 수 있습니다	**I. 사랑 쿠폰** 1. 2. 파트너는 1가지를 삽입, 요청하여 3. 업그레이드할 수 있습니다

예시 커플 파일

이름 (여)	
사 진	D. 함께 하고픈 데이트 1. 2. 파트너는 1가지를 삽입, 요청하여 3. 업그레이드할 수 있습니다
:::	E. 이런 모습도 있어 1. 2. 파트너는 1가지를 삽입, 요청하여 3. 업그레이드할 수 있습니다
:::	F. 이런 모습 보고 싶어 1. 2. 파트너는 1가지를 삽입, 요청하여 3. 업그레이드할 수 있습니다
A. 가치관 1. 2. 파트너는 1가지를 삽입, 요청하여 3. 업그레이드할 수 있습니다	G. 이런 거 좋아해 1. 2. 파트너는 1가지를 삽입, 요청하여 3. 업그레이드할 수 있습니다
B. 성향 1. 2. 파트너는 1가지를 삽입, 요청하여 3. 업그레이드할 수 있습니다	H. 이러면 화 풀려 1. 2. 파트너는 1가지를 삽입, 요청하여 3. 업그레이드할 수 있습니다
C. 연애 태도 1. 2. 파트너는 1가지를 삽입, 요청하여 3. 업그레이드할 수 있습니다	I. 사랑 쿠폰 1. 2. 파트너는 1가지를 삽입, 요청하여 3. 업그레이드할 수 있습니다

예시 커플 파일

이름	
김남진	

	D. 함께 하고픈 데이트 1. 제주도 여행 2. 공연 3. 호캉스
	E. 이런 모습도 있어 1. 금융 자격증 2. BTS 노래 잘함 3. 수준급의 목공 실력
	F. 이런 모습 보고 싶어 1. 최고로 꾸민 모습 2. 이벤트 3. 다른 패션 스타일
A. 가치관 1. 용기 2. 부 3. 소속감	G. 이런 거 좋아해 1. 즉흥 여행 2. 커플 모임 3. 고민도 함께 공유
B. 성향 1. 목표 2. 현실적 3. 신중	H. 이러면 화 풀려 1. 술자리 2. 애교 3. 커플 모임
C. 연애 태도 1. 열정 있는 목소리 2. 맞장구 3. 서로 존중하는 대화	I. 사랑 쿠폰 1. 이벤트 2. 잔소리 1일 정지 사용권 3. 커플룩 입기

예시 커플 파일

이름	
이미나	

	D. 함께 하고픈 데이트
	1. 공연 보러 다녀요
	2. 예쁜 카페 다녀요
	3. 못 가본 국내 여행지 가요
	E. 이런 모습도 있어
	1. 730타
	2. 포토샵 잘해
	3. 엑셀 잘해
	F. 이런 모습 보고 싶어
	1. 섬세한 면
	2. 힘든 모습도 보여주기
	3. 당당한 모습
A. 가치관	G. 이런 거 좋아해
1. 인정	1. 이벤트
2. 소속감	2. 먼저 연락하기
3. 신뢰성	3. 커플 모임
B. 성향	H. 이러면 화 풀려
1. 수용	1. 평소 사고 싶었던 물건 구입
2. 현실적	2. 함께 세차하기
3. 배려	3. 맛있는 거 먹기
C. 연애 태도	I. 사랑 쿠폰
1. 편안한 분위기	1. 카톡 프로필에 커플 사진 올리기
2. 맞장구	2. 원하는 날짜 무조건 빼기
3. 다정다감 대화	3. 일주일 금연

완성된 커플 파일

나의 연애 사용 설명서와 같은 9가지 요소의 연애 이력서인 커플 파일을 작성했습니다.

A. 가치관: 추구하는 방향성
B. 성향: 방식과 관점
C. 연애 태도: 상대에 대한 존중
D. 함께 하고픈 데이트: 함께 하고 싶은 데이트
E. 이런 모습도 있어: 숨겨진 어필
F. 이런 모습 보고 싶어: 보고 싶은 다른 모습
G. 이런 거 좋아해: 나만의 감성
H. 이러면 화 풀려: 화가 풀리는 해답
I. 사랑 쿠폰: 사랑의 주인에게 기꺼이 바치는 조공

나의 연애 요소 9가지를 작성하면서 스스로 자신의 욕구와 상대의 욕구를 파악하셨을 것입니다. 데이트를 하면서 커플 파일에 있는 목록을 달성하시기 바랍니다. 그렇게 충분히 달성했다면 새롭게 작성하여 다시 업그레이드할 수 있습니다. 욕구는 채워지면 사라지기에 새로운 버전의 이력서를 계속해서 업그레이드해야 합니다. 누구도 침범할 수 없는 성숙되고 단단한 연애를 돕는 커플 파일이 될 것 입니다.

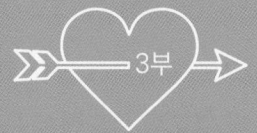

커플 카드

커플 게임

연애 게임 커플 카드

커플 카드는 60장의 카드로 구성된 심리 도구로
많은 프로그램과 게임 등으로 활용되어 왔습니다.
독자들의 활용도를 생각해 별도의 카드에서 목록으로 대체하였습니다.
커플 카드는 간단하고 재미있는 게임으로 활용되며
정말 중요한 요소를 게임처럼 쉽게 풀 수 있도록 제공합니다.
결국 커플 카드는 지금의 연애를 뛰어넘게 하거나
현명하게 유지할 것입니다.

커플 카드의 60가지 키워드는 커플 카드가 진행하는 모든 프로그램에 적용됩니다. 파트너와 원활한 진행을 위해 리서치, 상담을 통해 얻게 된 이슈 60가지의 키워드를 선정하였습니다.
가장 많은 이슈의 키워드를 선정하였지만 개개인마다 다 다르므로 자신이 생각하는 키워드를 사용하거나, 가장 비슷한 키워드를 선택 후 이유를 공유할 때 자세한 설명을 덧붙여 사용합니다.

커플 카드-1

Love card 1~30

감정	일어나는 마음이나 느끼는 기분		만남	직접 만나 얼굴을 마주 봄
관계	서로 관련을 맺거나 관련이 있음		횟수	나타내는 측정 양
관심	마음이 끌려 주의를 기울임		책임	결과에 대하여 지는 의무나 부담
대화	마주 대하여 이야기를 주고 받음		대접	예로써 대함
지속	오래 계속됨		약속	어떻게 할 것인가를 미리 정함
발전	더 낫고 좋은 상태로 나아감		생각	어떤 일을 하고 싶어 하거나 관심을 가짐
배려	도와주거나 보살펴 주려는 마음		챙김	살핌
책임	맡아서 해야 할 의무		이성적	현실적이고 객관적인 사고
스킨십	상호 접촉하여 애정을 교류함		설렘	두근거리는 느낌
신뢰	서로 의지할 수 있는 마음		존중	귀중하게 대함
애정	서로 그리워하는 마음		올바름	생각, 행동이 옳고 바르다
연락	상대에게 알려주고 연결하려는 것		진심	거짓 없는 참된 마음
기분	환경에 따라 절로 생기는 감정		인성	좋은 성품
이해	사정을 잘 헤아려 너그러이 받아들임		기억	간직한 생각을 도로 생각해냄
표현	생각이나 느낌을 드러내어 나타냄		과정	해야 할 일의 정도

커플 카드-2
Love card 31~60

필요	반드시 요구되는 바가 있음	사실	실제로 있었던 일을 솔직히 표현
취향	하고 싶은 마음이 생기는 방향	호의	좋게 생각해 주는 마음
고백	마음속에 생각하고 있는 것을 숨김없이 말함	마땅함	흡족하게 마음에 들게 생각함
가능성	앞으로 실현될 수 있는 기대	공감	감정, 의견 등에 같은 느낌
성실	정성스럽고 참됨	헌신	몸과 마음을 바쳐 힘을 다함
의무	마땅히 해야 할 일이나 역할	비용	어떤 일을 하는 데 드는 돈
외모	겉으로 드러나는 아름다움	장소	어떤 일이 이루어지는 곳
노력	목적을 위해 몸과 마음으로 애씀	프러포즈	상대방에게 청함
스타일	개성을 드러내는 보기 좋은 모양	선물	상대에게 물건을 선사함
매너	행동하는 방식이나 자세가 좋음	이벤트	좋은 결과를 위해 기획된 행사
반응	대응해 주는 능력	주변 소개	둘 사이의 사람들에게 알림
답변	묻는 말에 대하여 밝혀줌	공개 연애	여러 사람들에게 사이를 알림
우리	자기와 친밀한 관계	도움	남을 돕는 일
솔직함	거짓이나 숨김없이 바름	개인 존중	귀하게 대함
미래	앞으로의 시간	확신	굳게 믿는 마음

커플 카드

파트1 〈A〉
파트2 〈B〉
파트3 〈C〉
파트4 사랑의 협상

커플 카드

파트1 〈A〉

예시 질문 A-1: 우리의 연애 스타일을 표현한다면?

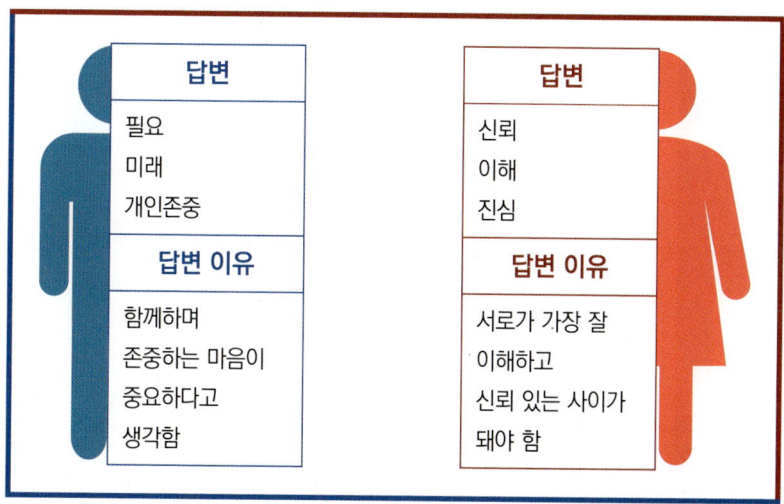

1. 질문에 답변할 수 있는 커플 카드 키워드 60개 중 총 3개의 키워드를 선택합니다.
2. 키워드를 선택한 이유를 공유합니다.
3. 키워드의 정의에 국한되지 않고 자기의 생각을 자유롭게 전달하며 나눕니다.

가이드 💡

커플 카드에서 중요한 것은 답변보다 이유이며 더 중요한 것은 파트너와 공유하는 것입니다. 왜 중요하고 어떤 의미를 갖는지 대화를 나누는 시간을 갖습니다.

예시 질문 A-1: 우리의 연애 스타일을 표현한다면?

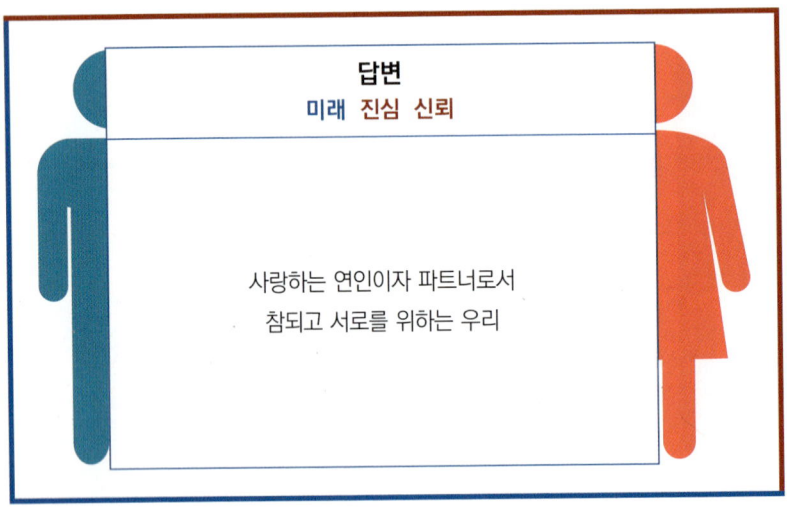

1. 남성이 선택한 키워드 3가지, 여성이 선택한 키워드 3가지 중 우선순위를 정해봅니다.
2. 두 사람의 6가지 키워드를 합하여 우선순위 1위~3위를 선정합니다.
3. 두 사람이 충분히 공유하며 합의된 3가지를 작성합니다.

가이드

개인이 갖는 특성과 생각은 그 자체로 존중되어야 합니다.
그러나 연애는 상대와 하는 것이므로 개인이 갖는 특성과 생각을 고집해서는 안 됩니다. 상대 또한 개인의 특성과 생각이 존중되어야 하기 때문입니다.
두 사람만의 합의된 대표적인 연애 스타일 3가지를 선정해 봅니다.

질문 A-1: 우리의 연애 스타일을 표현한다면?

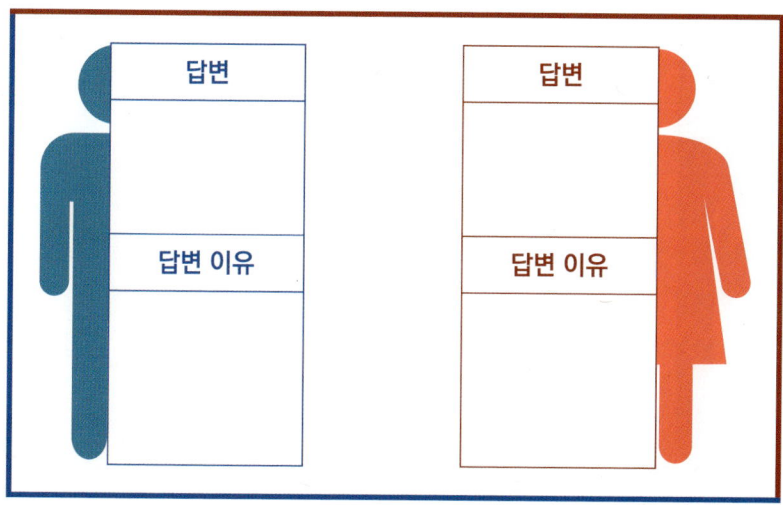

1. 질문에 답변할 수 있는 커플 카드 키워드 60개 중 총 3개의 키워드를 선택합니다.
2. 키워드를 선택한 이유를 공유합니다.
3. 키워드의 정의에 국한되지 않고 자기의 생각을 자유롭게 전달하며 나눕니다.

가이드

커플 카드에서 중요한 것은 답변보다 이유이며 더 중요한 것은 파트너와 공유하는 것입니다. 왜 중요하고 어떤 의미를 갖는지 대화를 나누는 시간을 갖습니다.

질문 A-1: 우리의 연애 스타일을 표현한다면?

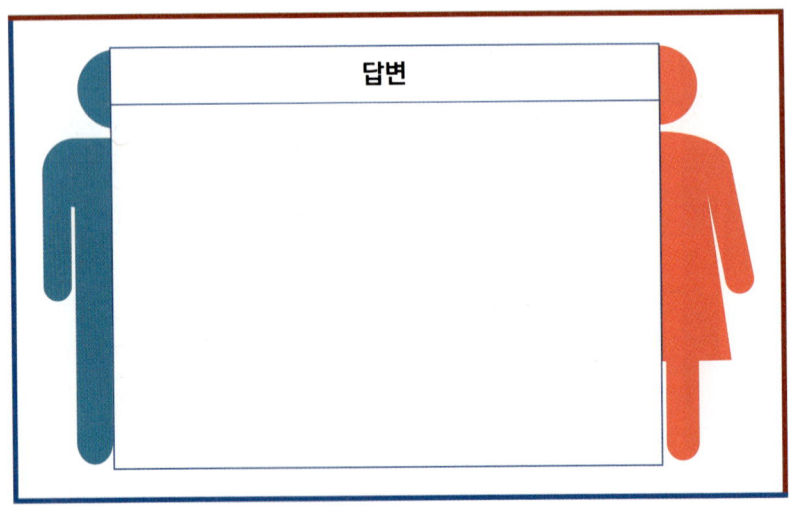

1. 남성이 선택한 키워드 3가지, 여성이 선택한 키워드 3가지 중 우선순위를 정해봅니다.
2. 두 사람의 6가지 키워드를 합하여 우선순위 1위~3위를 선정합니다.
3. 두 사람이 충분히 공유하며 합의된 3가지를 작성합니다.

가이드

개인이 갖는 특성과 생각은 그 자체로 존중되어야 합니다.
그러나 연애는 상대와 하는 것이므로 개인이 갖는 특성과 생각을 고집해서는 안 됩니다.
상대 또한 개인의 특성과 생각이 존중되어야 하기 때문입니다.
두 사람만의 합의된 대표적인 연애 스타일 3가지를 선정해 봅니다.

질문 A-2: 먼 훗날 손자, 손녀에게 단 하나의 사랑의 가치를 전한다면?

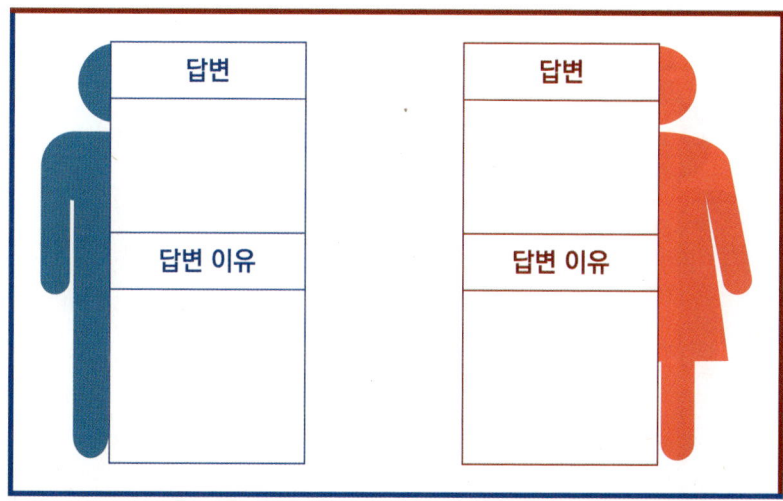

1. 질문에 답변할 수 있는 커플 카드 키워드 60개 중 총 3개의 키워드를 선택합니다.
2. 키워드를 선택한 이유를 공유합니다.
3. 키워드의 정의에 국한되지 않고 자기의 생각을 자유롭게 전달하며 나눕니다.

가이드

지금이 아닌 의식을 확장시켜 생각하게 하는 질문입니다.
더 현명하게 지혜가 응축되고 포괄된 사랑의 관점이 나오게 됩니다.
그것은 사랑에 대한 방향이며 지금의 파트너에게도 적용됩니다.
각자가 전달하려는 잠재의식의 메시지를 알아봐야 합니다.

질문 A-3: 먼 훗날 나의 장례식장에 온 사람들에게 사랑에 대한 정의를 남긴다면?

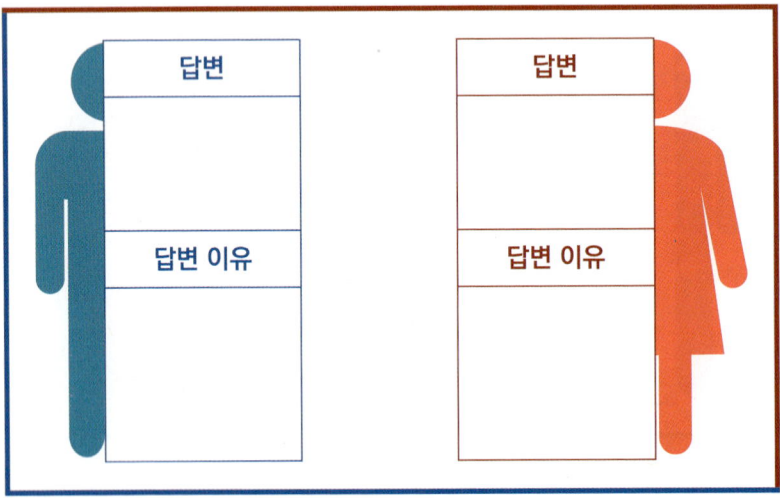

1. 질문에 답변할 수 있는 커플 카드 키워드 60개 중 총 3개의 키워드를 선택합니다.
2. 키워드를 선택한 이유를 공유합니다.
3. 키워드의 정의에 국한되지 말고 자기의 생각을 자유롭게 전달하며 나눕니다.

가이드 💡

장례식장에 참석한 사람의 전제는 사랑하고 사랑했던 사람입니다.
사랑을 하며 느꼈던 기쁨과 아쉬움 등을 모두 경험하여
사랑하는 사람에게 메시지를 준다면 어떤 정의를 알려주게 될까요?
그 고귀한 사랑의 정의를 지금의 파트너와 공유해 보세요.

커플 카드

파트2 〈B〉

질문 B-1: 연애에서 가장 중요하다고 생각하는 것은 무엇인가요?

남성용 예시

연애 기간에 따라 중요하다고 생각하는 것은 무엇인가요?		
연애 1년 미만	연애 2년 미만	연애 3년 미만
솔직함 이벤트 프러포즈	선물 비용 책임	존중 의무 노력

1. 질문에 답변할 수 있는 커플 카드 키워드 60개 중 총 3개의 키워드를 선택합니다.
2. 키워드를 선택한 이유를 공유합니다.
3. 키워드 정의에 국한되지 않고 자기의 생각을 자유롭게 전달하며 나눕니다.

가이드

연애 시점에 따라 넓은 관점으로 생각할 수 있습니다.
더불어 나의 연애의 중요성, 방향성과 상대의 연애 특성 또한 자연스럽게 알 수 있습니다.

질문 B-1: 연애에서 가장 중요하다고 생각하는 것은 무엇인가요?

여성용 예시

연애 기간에 따라 중요하다고 생각하는 것은 무엇인가요?		
연애 1년 미만	연애 2년 미만	연애 3년 미만
외모 반응 고백	배려 스킨십 만남	연락 만남 표현

1. 질문에 답변할 수 있는 커플 카드 키워드 60개 중 총 3개의 키워드를 선택합니다.
2. 키워드를 선택한 이유를 공유합니다.
3. 키워드 정의에 국한되지 않고 자기의 생각을 자유롭게 전달하며 나눕니다.

가이드

연애 시점에 따라 넓은 관점으로 생각할 수 있습니다.
더불어 나의 연애의 중요성, 방향성과 상대의 연애 특성 또한 자연스럽게 알 수 있습니다.

질문 B-1 : 연애에서 가장 중요하다고 생각하는 것은 무엇인가요?

남녀 공동 예시

연애에서 가장 중요하다고 생각하는 것은 무엇인가요?		
연애 1년 미만	연애 2년 미만	연애 3년 미만
솔직함 고백 반응	배려 스킨십 책임	연락 노력 표현

1. 남성이 선택한 키워드와 여성이 선택한 키워드를 봅니다.
2. 공통된 키워드가 있다면 먼저 관련된 영역에 키워드를 작성합니다.
3. 나머지 칸에는 남녀의 키워드 중에서 공감되거나 합의된 키워드를 선택하여 작성합니다.

가이드 💡

연애 시점에 따라 각각 남성 키워드 3개, 여성 키워드 3개를 가지고 3개의 공동 키워드를 작성합니다.
같은 영역에 같은 키워드가 있다면 바로 선점하여 작성합니다.

질문 B-1: 연애에서 가장 중요하다고 생각하는 것은 무엇인가요?

남성용

연애 기간에 따라 중요하다고 생각하는 것은 무엇인가요?		
연애 1년 미만	연애 2년 미만	연애 3년 미만

1. 질문에 답변할 수 있는 커플 카드 키워드 60개 중 총 3개의 키워드를 선택합니다.
2. 키워드를 선택한 이유를 공유합니다.
3. 키워드 정의에 국한되지 않고 자기의 생각을 자유롭게 전달하며 나눕니다.

가이드

연애 시점에 따라 넓은 관점으로 생각할 수 있습니다.
더불어 나의 연애의 중요성, 방향성과 상대의 연애 특성 또한 자연스럽게 알 수 있습니다.

질문 B-1 : 연애에서 가장 중요하다고 생각하는 것은 무엇인가요?

여성용

연애 기간에 따라 중요하다고 생각하는 것은 무엇인가요?		
연애 1년 미만	연애 2년 미만	연애 3년 미만

1. 질문에 답변할 수 있는 커플 카드 키워드 60개 중 총 3개의 키워드를 선택합니다.
2. 키워드를 선택한 이유를 공유합니다.
3. 키워드 정의에 국한되지 않고 자기의 생각을 자유롭게 전달하며 나눕니다.

가이드

연애 시점에 따라 넓은 관점으로 생각할 수 있습니다.
더불어 나의 연애의 중요성, 방향성과 상대의 연애 특성 또한 자연스럽게 알 수 있습니다.

질문 B-1: 연애에서 가장 중요하다고 생각하는 것은 무엇인가요?

남녀 공동

연애에서 가장 중요하다고 생각하는 것은 무엇인가요?		
연애 1년 미만	연애 2년 미만	연애 3년 미만

1. 남성이 선택한 키워드와 여성이 선택한 키워드를 봅니다.
2. 공통된 키워드가 있다면 먼저 관련된 영역에 키워드를 작성합니다.
3. 나머지 칸에는 남녀의 키워드 중에서 공감되거나 합의된 키워드를 선택하여 작성합니다.

가이드 💡

연애 시점에 따라 각각 남성 키워드 3개, 여성 키워드 3개를 가지고 3개의 공동 키워드를 작성합니다.
같은 영역에 같은 키워드가 있다면 바로 선점하여 작성합니다.

질문 B-2: 당신의 연애에서 실제 발휘되고 있는 특성은 무엇인가요?

남성용

당신의 연애에서 실제 발휘되고 있는 특성은 무엇인가요?		
연애 1년 미만	연애 2년 미만	연애 3년 미만

1. 질문에 답변할 수 있는 커플 카드 키워드 60개 중 총 3개의 키워드를 선택합니다.
2. 키워드를 선택한 이유를 공유합니다.
3. 키워드 정의에 국한되지 않고 자기의 생각을 자유롭게 전달하며 나눕니다.

가이드

연애 1년 미만일 경우: 연애 1년 미만에만 작성합니다.
연애 2년 미만일 경우: 연애 1년 미만, 연애 2년 미만에만 작성합니다.
연애 2년 이상일 경우: 1년 미만, 2년 미만, 2년 이상 세 칸에 작성합니다.
시기가 지난 경우, 과거에 발휘됐던 특성을 적어봅니다.

질문 B-2: 당신의 연애에서 실제 발휘되고 있는 특성은 무엇인가요?

여성용

당신의 연애에서 실제 발휘되고 있는 특성은 무엇인가요?		
연애 1년 미만	연애 2년 미만	연애 3년 미만

1. 질문에 답변할 수 있는 커플 카드 키워드 60개 중 총 3개의 키워드를 선택합니다.
2. 키워드를 선택한 이유를 공유합니다.
3. 키워드 정의에 국한되지 않고 자기의 생각을 자유롭게 전달하며 나눕니다.

가이드 💡

연애 1년 미만일 경우: 연애 1년 미만에만 작성합니다.
연애 2년 미만일 경우: 연애 1년 미만, 연애 2년 미만에만 작성합니다.
연애 2년 이상일 경우: 1년 미만, 2년 미만, 2년 이상 세 칸에 작성합니다.
시기가 지난 경우, 과거에 발휘됐던 특성을 적어봅니다.

질문 B-3: 1번 질문의 키워드(연애에서 중요하다고 생각하는 것)와 2번 질문의 키워드(실제 발휘되고 있는 연애 특성)를 보면서 차이를 줄이기 위해 할 수 있는 것은 무엇입니까?

남성용

당장 개선할 수 있는 특성은 무엇인가요?		
연애 1년 미만	연애 2년 미만	연애 3년 미만

1. 질문에 답변할 수 있는 커플 카드 키워드 60개 중 총 3개의 키워드를 선택합니다.
2. 키워드를 선택한 이유를 공유합니다.
3. 키워드 정의에 국한되지 않고 자기의 생각을 자유롭게 전달하며 나눕니다.

가이드

해당 부분에만 답변을 작성합니다.
스스로가 중요하다고 생각하는 것과 실제로 표현되는 부분의 차이를 줄여야 합니다.
원하는 생각을 행동으로 표현할 때 자신감과 자존감은 극도로 높아지게 되므로 자신에게도 상대에게도 서로를 위해서도 중요합니다.
파트너가 노력하는 모습을 보일 때 큰 리액션과 감사함을 표현해 보세요. 확장된 관계를 느낄 수 있습니다.

질문 B-3: 1번 질문의 키워드(연애에서 중요하다고 생각하는 것) 와 2번 질문의 키워드(실제 발휘되고 있는 연애 특성)를 보면서 차 이을 줄이기 위해 할 수 있는 것은 무엇입니까?

여성용

당장 개선할 수 있는 특성은 무엇인가요?		
연애 1년 미만	연애 2년 미만	연애 3년 미만

1. 질문에 답변할 수 있는 커플 카드 키워드 60개 중 총 3개의 키워드를 선택합니다.
2. 키워드를 선택한 이유를 공유합니다.
3. 키워드 정의에 국한되지 않고 자기의 생각을 자유롭게 전달하며 나눕니다.

가이드

해당 부분에만 답변을 작성합니다.
스스로가 중요하다고 생각하는 것과 실제로 표현되는 부분의 차이를 줄여야 합니다. 원하는 생각을 행동으로 표현할 때 자신감과 자존감이 극도로 높아지게 되므로 자신에게도 상대에게도 서로를 위해서도 중요합니다.
파트너가 노력하는 모습을 보일 때 큰 리액션과 감사함을 표현해 보세요. 확장된 관계를 느낄 수 있습니다.

커플 카드

파트3 〈C〉

예시 질문 C-1: 우리의 관계에서 가장 중요하게 생각하는 것은?

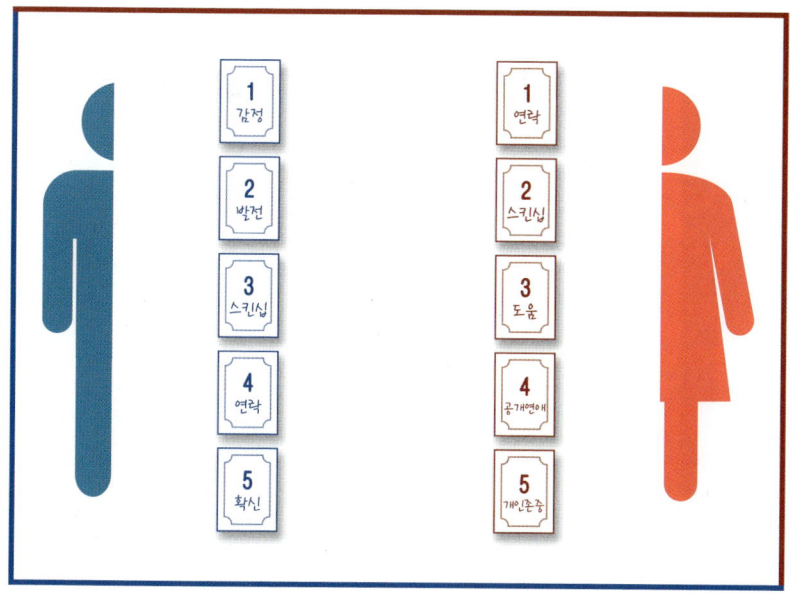

1. 질문에 답변할 수 있는 커플 카드 키워드 60개 중 총 5개의 키워드를 선택합니다.
2. 선택된 키워드를 우선순위로 배치합니다.
3. 키워드를 선택한 이유를 공유합니다.
4. 키워드 정의에 국한되지 않고 자기의 생각을 자유롭게 전달하며 나눕니다.

가이드 💡
지금까지 질문은 평소에 인지하지 못했던 관점을 드러내는 것이었다면 이제는 직접적인 관점을 띤 대화를 하는 시간입니다.

예시 질문 C-2: 우리의 만남에서 가장 중요하게 생각하는 것은?

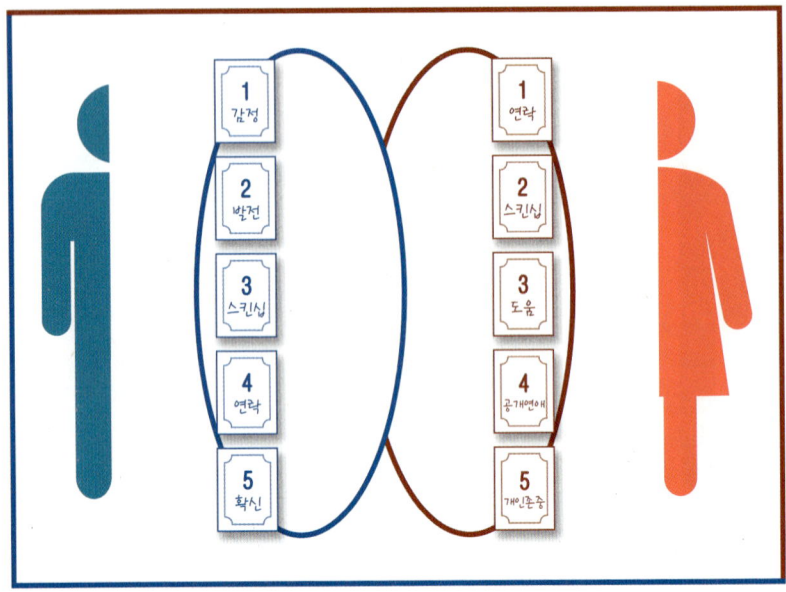

1. 우선 내가 선택한 우리의 만남(연애)에서 중요하게 생각한 키워드를 봅니다.
2. 상대가 선택한 우리의 만남(연애)에서 중요하게 생각한 키워드를 봅니다.
   각각 우선순위를 보며 상대는 무엇을 중요시하는지 체크합니다.
3. 나와 상대가 선택한 키워드에서 공통된 카드가 나왔는지 확인합니다.
4. 선택한 카드의 이유에 대해 서로 공유하며 깊은 대화를 나눕니다.

가이드 💡

같은 연애를 하고 있어도 중요하게 생각하는 키워드와 우선순위는 다를 것입니다.
우선순위를 아는 것은 아주 중요한 힌트이며 결정적인 요소입니다.
한쪽에서 많은 노력과 애정을 쏟는다 해도 중요 요소에 포함되어 있지 않다면 큰 마음은 얻지 못할 것입니다.
특히 우선순위에 초점을 맞춘다면 최소의 노력으로 최대의 공감을 나눌 수 있습니다.

예시 질문 C-3: 우리의 만남에서 가장 중요하게 생각하는 것은?

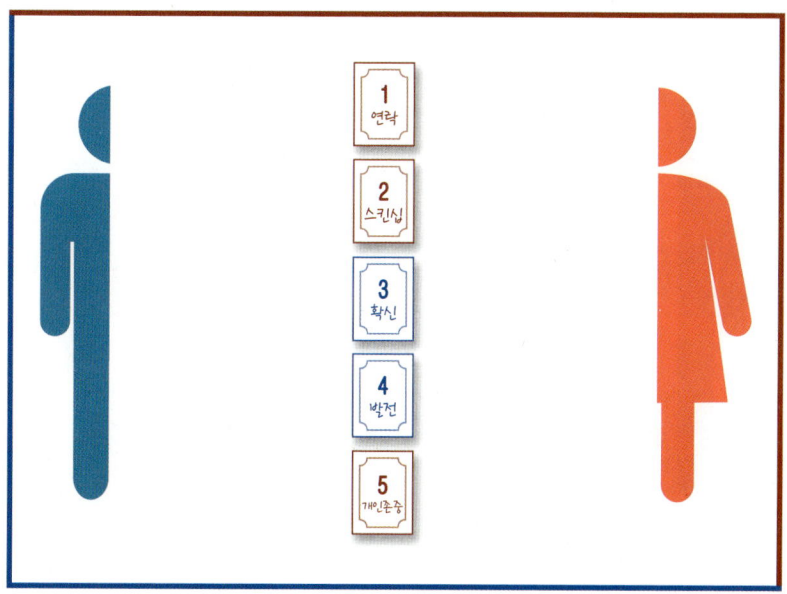

1. 각각 나에게 없지만 상대방이 선택한 키워드 1장을 선택합니다.
2. 서로 공통된 키워드가 나온 카드를 첨부합니다.(공통된 카드가 없었다면 제외합니다)
3. 앞으로 우리의 만남에서 중요하거나 필요한 키워드가 있다면 각각 1장씩 선택합니다.
4. 선택된 카드에서 합의하에 5가지 카드를 선별하고 우선순위를 정해보세요.

가이드

이제 서로 중요한 생각, 감정 그리고 가치관에 대해 대화를 나누고 이해를 갖게 됐습니다. 서로 동의한 가치관, 공통적인 가치관, 앞으로의 가치관 등 같이 공감하고 이해해서 얻게 된 협의된 특성입니다. 서로 깊이 알게 되었고 명료해졌고 확신을 갖게 되었을 겁니다. 혹 다툼이 있을 때, 함께 만든 키워드를 생각과 행동으로 삼는 기준이 되어야 합니다. 서로 정한 방향성을 유지하며 굳건한 행복을 계속해서 누리시길 바랍니다.

예시 질문 C-1: 우리의 관계에서 가장 중요하게 생각하는 것은?

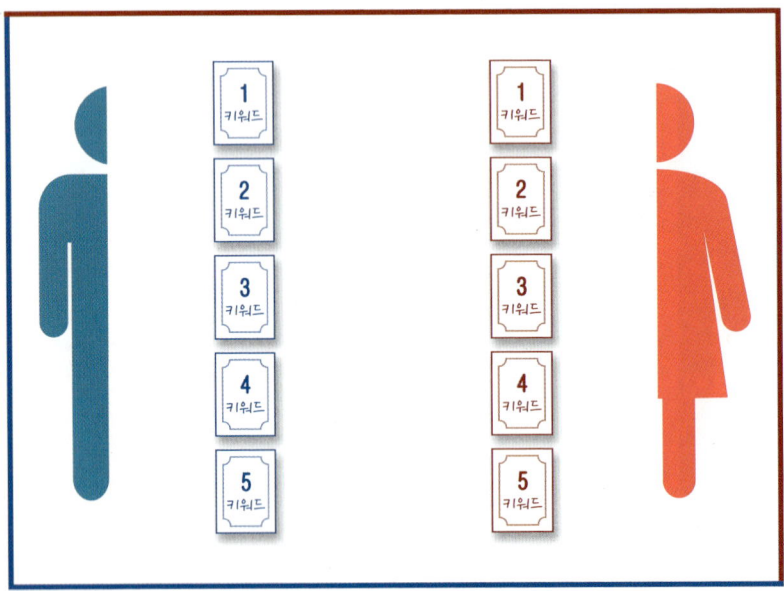

1. 질문에 답변할 수 있는 커플 카드 키워드 60개 중 총 5개의 키워드를 선택합니다.
2. 선택된 키워드를 우선순위로 배치합니다.
3. 키워드를 선택한 이유를 공유합니다.
4. 키워드 정의에 국한되지 않고 자기의 생각을 자유롭게 전달하며 나눕니다.

가이드 💡
지금까지 질문은 평소에 인지하지 못했던 관점을 드러내는 것이었다면 이제는 직접적인 관점을 띤 대화를 하는 시간입니다.

예시 C-2: 우리의 만남에서 가장 중요하게 생각하는 것은?

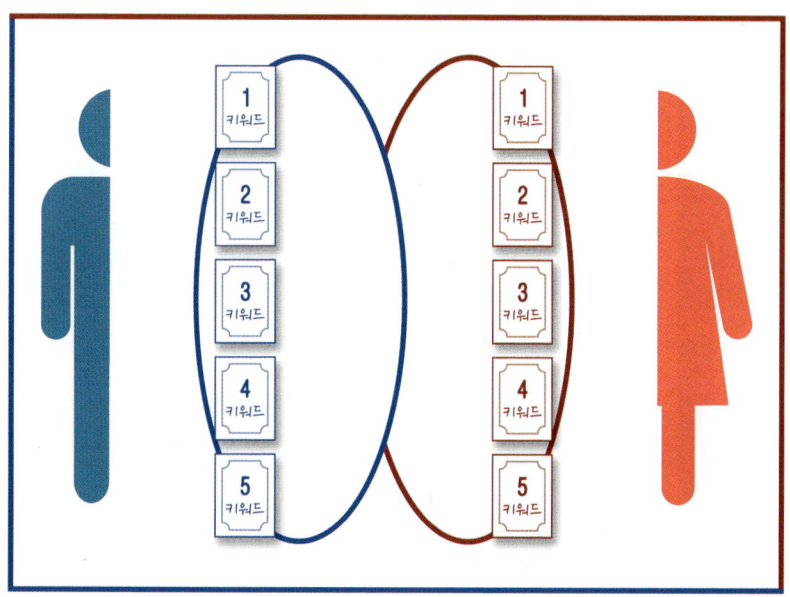

1. 우선 내가 선택한 우리의 만남(연애)에서 중요하게 생각한 키워드를 봅니다.
2. 상대가 선택한 우리의 만남(연애)에서 중요하게 생각한 키워드를 봅니다.
   각각 우선순위를 보면서 상대는 무엇을 중요시하는지 체크합니다.
3. 나와 상대가 선택한 키워드에서 공통된 카드가 나왔는지 확인합니다.
4. 선택한 카드의 이유에 대해 서로 공유하며 깊은 대화를 나눕니다.

가이드

같은 연애를 하고 있어도 중요하게 생각하는 키워드와 우선순위는 다를 것입니다. 우선순위를 아는 것은 아주 중요한 힌트이며 결정적인 요소입니다.
한쪽에서 많은 노력과 애정을 쏟는다 해도 중요 요소에 포함되어 있지 않는다면 큰 마음은 얻지 못할 것입니다. 특히 우선순위에 초점을 맞춘다면 최소의 노력으로 최대의 공감을 나눌 수 있습니다.

예시 C-3: 우리의 만남에서 가장 중요하게 생각하는 것은?

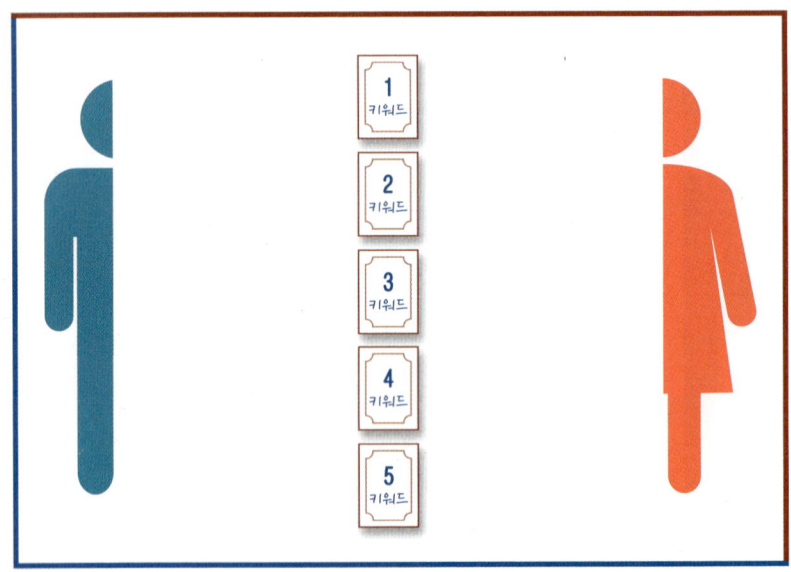

1. 각각 나에게 없지만 상대방이 선택한 키워드 1장을 선택합니다.
2. 서로 공통된 키워드가 나온 카드를 첨부합니다.(공통된 카드가 없었다면 제외합니다)
3. 앞으로 우리의 만남에서 중요하거나 필요한 키워드가 있다면 각각 1장씩 선택합니다.
4. 선택된 카드에서 합의하에 5가지 카드를 선별하고 우선순위를 정해보세요.

가이드

이제 서로 중요한 생각, 감정 그리고 가치관에 대해 대화를 나누고 이해를 갖게 됐습니다. 서로 동의한 가치관, 공통적인 가치관, 앞으로의 가치관 등 같이 공감하고 이해해서 얻게 된 협의된 특성입니다. 서로 깊이 알게 되었고 명료해졌고 확신을 갖게 되었을 겁니다. 혹 다툼이 있을 때, 함께 만든 키워드를 생각과 행동으로 삼는 기준이 되어야 합니다. 서로 정한 방향성을 유지하며 굳건한 행복을 계속해서 누리시길 바랍니다.

질문 C-4: 우리를 더 단단한 사랑으로 만들어 줄 연애의 특성은?

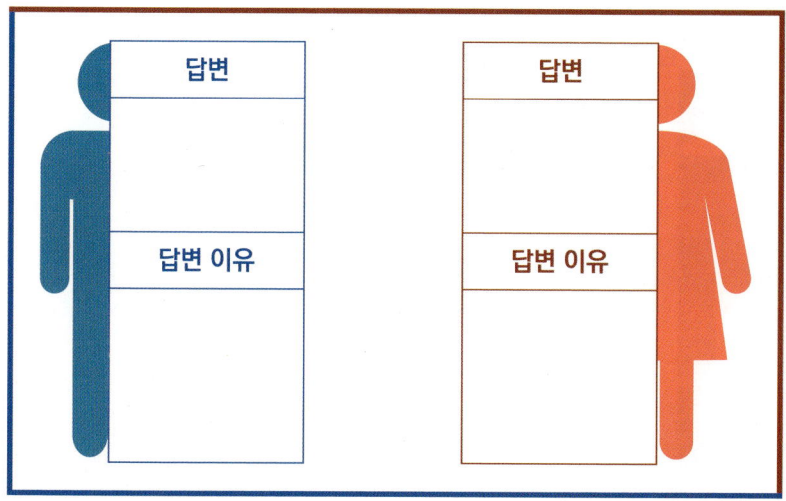

1. 질문에 답변할 수 있는 커플 카드 키워드 60개 중 총 3장을 선택합니다.
2. 키워드를 선택한 이유를 공유합니다.
3. 키워드 정의에 국한되지 말고 자기의 생각을 자유롭게 전달하며 나눕니다.

가이드
이 질문의 전제는 더 나은 관계를 요구합니다.
그리고 이제는 더 나은 관계를 위한 방법을 알고 있을 것입니다.
서로가 알고 있는 방법을 표현하면서 서로가 택한 방법과 특성을 알 수 있습니다.

질문 C-5: 상대에게 원하는 연애 특성은 무엇인가요?

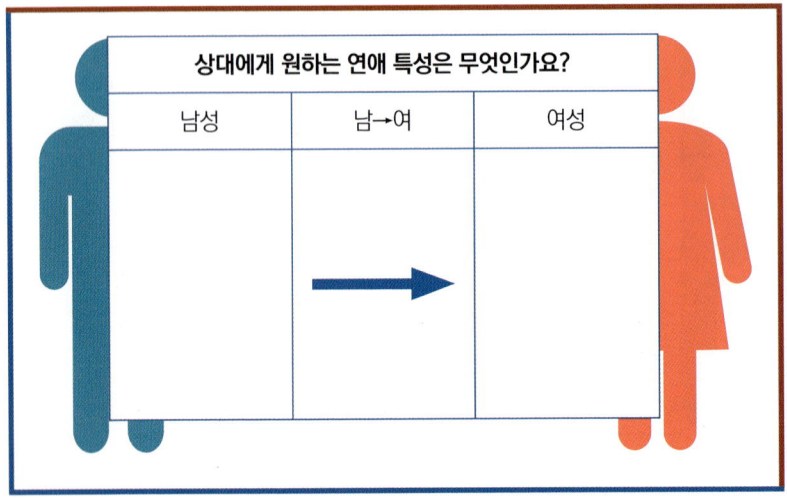

1. 질문에 답변할 수 있는 커플 카드 키워드 60개 중에서 총 3장을 선택합니다.
2. 3장의 키워드에서 남성은 단 1장의 키워드를 선택합니다.
3. 여성은 선택한 키워드의 특성을 위한 구체적인 노력을 이야기합니다.

가이드

상대에게 원하는 연애 특성 3가지를 선택하게 하는 것은 실제로 선택하게 될 당사자에게 폭넓은 선택을 주기 위함입니다.
그러므로 3가지의 특성을 선택한 이유에 대해서는 말하지 않습니다.
자칫 비판적인 분위기를 띨 수 있기 때문입니다.
(상대에게 바라는 연애 특성은 없지만, 프로그램 때문에 어쩔 수 없이 선택했다고 하시면 됩니다)

질문 C-6: 상대에게 원하는 연애 특성은 무엇인가요?

여성용

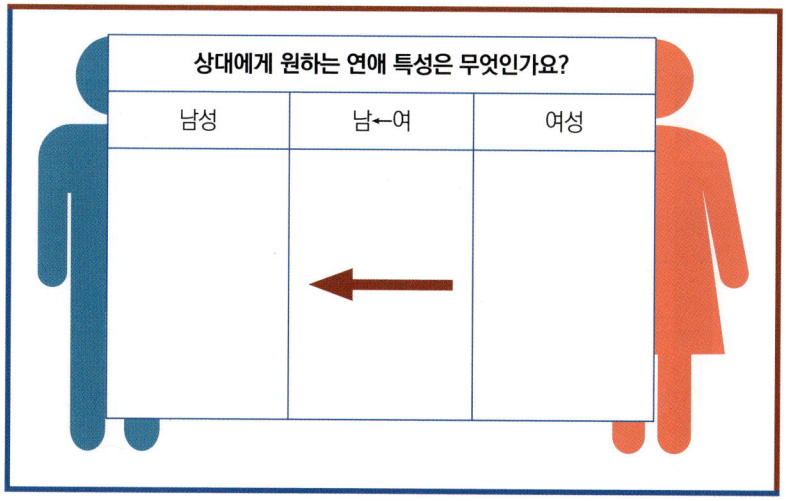

1. 질문에 답변할 수 있는 커플 카드 키워드 60개 중에서 총 3장을 선택합니다.
2. 3장의 키워드에서 남성은 단 1장의 키워드를 선택합니다.
3. 여성은 선택한 키워드의 특성을 위한 구체적인 노력을 이야기합니다.

가이드

상대에게 원하는 연애 특성 3가지를 선택하게 하는 것은 실제로 선택하게 될 당사자에게 폭넓은 선택을 주기 위함입니다.
그러므로 3가지의 특성을 선택한 이유에 대해서는 말하지 않습니다.
자칫 비판적인 분위기를 띨 수 있기 때문입니다.
(상대에게 바라는 연애 특성은 없지만, 프로그램 때문에 어쩔 수 없이 선택했다고 하시면 됩니다.)

질문 C-7: 예전 같지 않은 무심한 분위기가 계속 지속된다면 어떤 특성을 발휘해야 할까요?

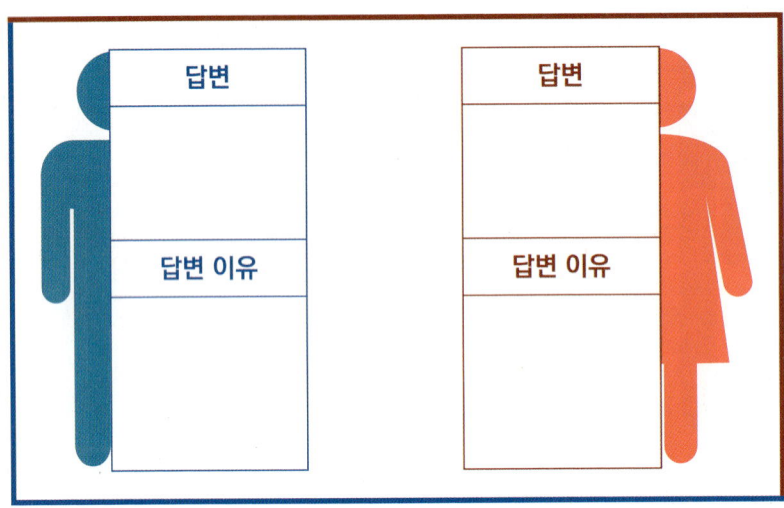

1. 질문에 답변할 수 있는 커플 카드 키워드 60개 중 총 3장을 선택합니다.
2. 키워드를 선택한 이유를 공유합니다.
3. 키워드 정의에 국한되지 말고 자기의 생각을 자유롭게 전달하며 나눕니다.

가이드 💡
염두에 두고 대비해야 할 부분입니다.
애쓰지 않아도 행복한 시기가 있듯, 애를 써야만 행복을 유지해야 하는 시기도 있습니다. 노력 없이도 행복했듯 노력해서 행복해야 하는 기간도 있습니다.
만약 이런 시간이 온다면 지금의 답변과 답변 이유가 힌트가 되어 사랑의 파도를 넘기 바랍니다.

커플 카드

파트4 사랑의 협상

사랑의 협상 유의점

사랑하는 사람을 만나 연애를 한다는 건
본능, 열정, 감정 등 주관적이고 과정적이긴 하지만
냉정, 사실, 이성 등 객관적이고 솔루션적이어야 할 때가 있습니다.

감성은 아주 조그마한 것에 행복을 느끼게 하지만
때에 따라 고비용, 저효율로 아주 비싼 값을 치르기도 합니다.
상대방이 감성적이어서 불필요한 물건을 계속해서 사거나
친구에게 돈을 받지 못하는데도 계속 돈을 빌려주거나
방 청소를 안 해 지저분하거나
게을러 몸무게는 늘어나고 질병에 걸리거나
소극적인 거절로 다른 이성으로부터 계속 연락 오는 경우 등

크고 작은 부분에서
반드시 짚고 넘어가야 할 부분이 생깁니다.
이럴 경우 사랑의 협상이 필요합니다.

사랑의 협상은 두 사람의 사랑과 관계를 견고하기 위함입니다.
좋은 것은 유지하면서
필요한 것은 더 하고
불필요한 것은 덜어가며
더 좋음을 위해 다듬는 협상 게임입니다.

사랑의 협상은 대단히 흥미진진하며
게임같이 재미있기도 하고 진지한 현장 분위기가 연출됩니다.

협상의 목표와 의도는 두 사람의 사랑의 관계입니다.
간혹 내 의견이 체결돼야 한다는 승부에 빠져 독재가 되어서는 안 됩니다. 서로 중요한 방향을 협의하고 도출하는 작업입니다.
중요한 방향성을 정하고 함께 걸어가기 위함입니다.
가상의 시뮬레이션으로 감정과 환경에 대응하고 대비하기 위해
솔루션을 마련하는 작업입니다.
불만을 해소하고 개선해 원하는 관계에 가까워지는 작업이며
이 세상에서 가장 달콤하고 러블리한 협상입니다.
하지만 그 달콤함을 위해서는 치열한 협상이 되어야 할 것입니다.

사랑의 협상을 잘하기 위한 방법

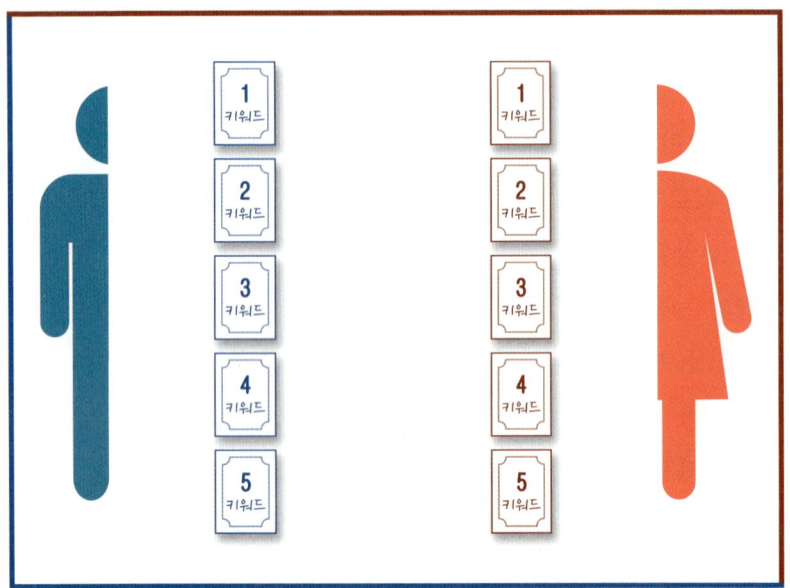

사랑의 협상은 커플 카드에서 마지막으로 배치된 파트입니다.

커플 카드 파트에서 가장 중요한 부분이기도 하며 약간의 스킬이 필요한 부분입니다. 지금까지 파트 1부터 파트 3까지 단계를 거쳐 왔다면 수월하게 진행할 수 있습니다. 약간의 스킬이 필요하며 다른 점이라는 것은 사랑의 카드 60가지의 키워드가 아닌 둘만의 개인적인 이슈를 직접적으로 적는 것입니다. 연락 횟수, 데이트 방식과 시간 조정, 표현 방식이나 스타일부터 부부 관계, 대출금, 부모님 용돈, 육아 분배 시간, 개인 시간 등 지극히 현실적 일들을 분명하게 키워드로 나타내야 합니다. 장문의 문장이나 포괄적인 키워드가 아닌 단순 명료한 키워드로 표현되어야 합니다. 문제와 불만을 쌓아두거나 참는 것이 아니라 더 행복해지기 위한 대청소의 시간이라 할 수 있습니다.

준비물 💡
명함지 또는 포스트잇

예시 사랑의 협상 칭찬 카드

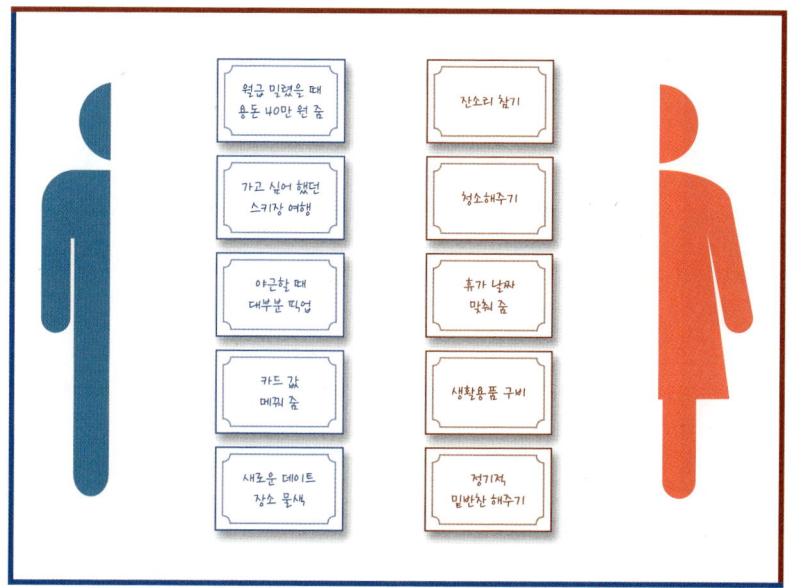

사랑의 협상은 상대를 비판하고 바꾸려 하는 것에 목적을 두지 않습니다. 현명하게 불필요한 것을 제거하고, 지혜롭게 더 행복함을 추구하는 것에 목적이 있습니다.

긍정 심리학의 핵심은 '긍정적 상태일 때 변화할 확률이 가장 높다'입니다. 그러기에 긍정적인 상태를 만들기도 해야 하지만 서로 잘한 건 인정하고 확인해 주어야 합니다.

사랑의 협상 칭찬 카드

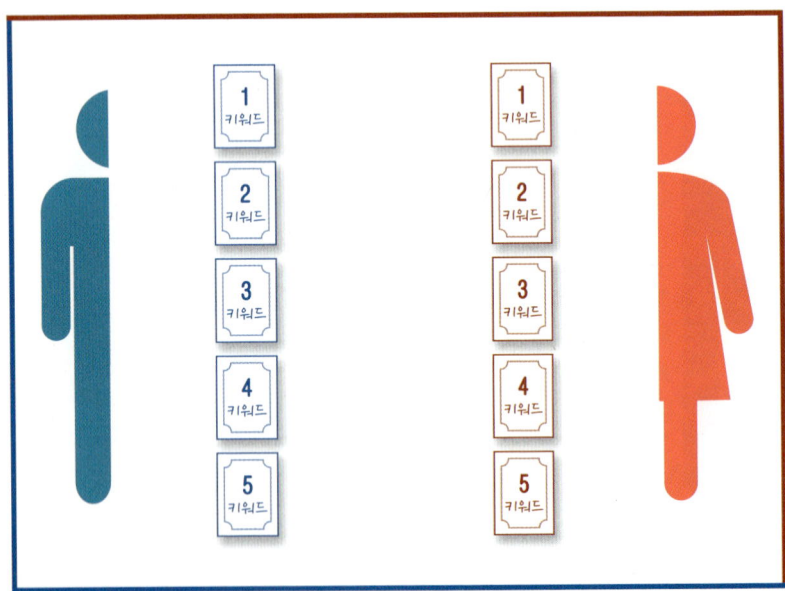

칭찬 카드의 조건

첫째, 내가 잘한 것을 강력 어필하는 시간입니다.
그동안 드러나지 못했던 노력과 성의를 보인 부분 5가지를 키워드로 적어봅니다.

둘째, 선택한 카드에 관련된 사례는 근거를 갖추어야 합니다.
평소에 실제적인 노력보다 비판을 많이 했거나 파트너와 차이가 많이 난다면 상대에 대한 고마움을 알아차리는 시간이 되길 바랍니다.

셋째, 서로를 위해 열심히 노력한 상대를 진심으로 칭찬하며 감사의 표현을 전하도록 합니다. 옳고 그름을 떠나 자기만의 방식으로 노력하고 애쓰는 것을 알아주는 시간입니다.

예시 개선 카드

개선 카드 예시로 남성을 기준으로 하였습니다.
총 5가지 질문, 5단계로 진행됩니다.

첫 번째, 스스로 개선하면 좋은 카드 3장을 작성합니다.
두 번째, 상대가 개선해줬으면 할 것 같은 카드 3장을 작성합니다.
세 번째, 상대방이 개선을 원하는 카드 3장을 작성합니다.

예시 개선 카드

네 번째, 총 9장의 카드에서 자신이 할 수 있는 카드 2장을 선택해서 약속하고 개선하도록 합니다.

▶ 자신의 솔루션
▶ 추정하는 솔루션
▶ 실제 솔루션
▶ 실제 계획과 노력
▶ 실제 결과

다섯 번째,
사랑의 협상 개선할 실제 카드에 나온 미션을 실행합니다.
이렇게 총 5단계로 진행하는 '사랑의 협상'입니다.

개선 카드-1

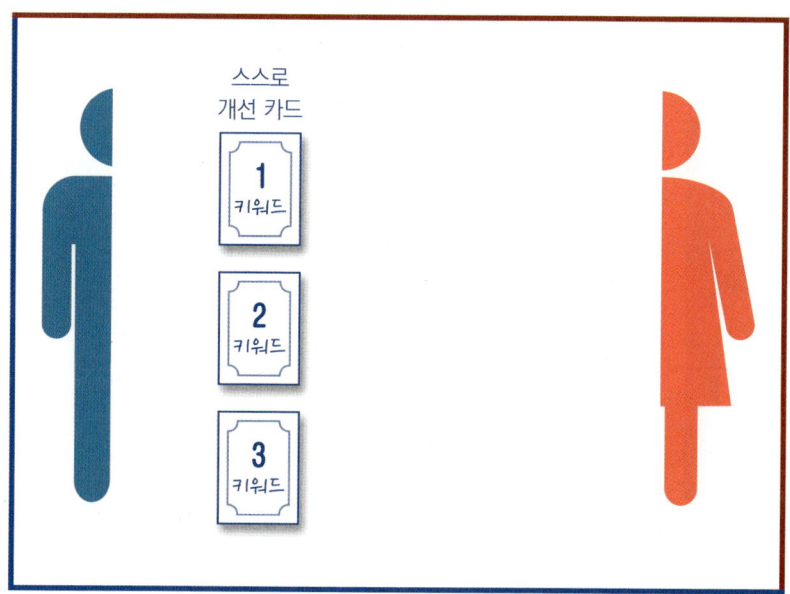

남녀가 동시에 진행합니다.

첫 번째,

스스로 개선하면 좋은 카드 3장을 작성합니다.

스스로 개선할 카드는 자발적으로 상대를 위해 해줄 수 있는 것입니다.

▶ 내가 선택한 쉬운 방법

▶ 해줄 수 있는 노력

▶ 나의 스타일로 도움

▶ 가능한 애씀

가이드 💡

솔직하고 자연스러운 답변을 적습니다.

부담 없는 노력, 해줄 수 있는 노력을 작성합니다.

개선 카드-2

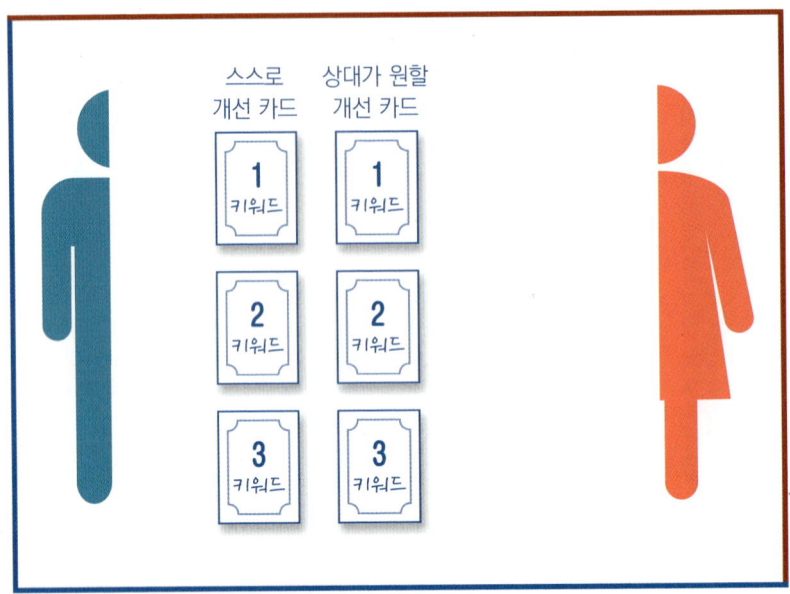

두 번째,

상대가 개선해 줬으면 할 것 같은 카드 3장을 작성합니다.

상대가 원할 개선 카드는 관계를 해오면서 느꼈던 추측하는 솔루션입니다.

▶ 스스로 관점

▶ 묵인한 갈등

▶ 외면한 노력

▶ 추정하는 솔루션

가이드

스스로 개선 카드는 나의 생각입니다.

상대가 원할 개선 카드 또한 어찌 보면 내 생각입니다.

스스로 개선 카드와 상대가 원할 개선 카드의 차이를 체크해봅니다.

개선 카드-3

세 번째,

상대방이 개선을 원하는 카드 3장을 작성합니다.

상대가 원하는 직접적이고 실제적인 솔루션입니다.

▶ 잠재적인 갈등
▶ 드러난 불만
▶ 실제 욕구
▶ 실제 방법

가이드 💡

추정한 솔루션과 상대가 작성한 실제 솔루션의 차이를 체크해봅니다.
내가 추정한 솔루션과 상대의 실제 솔루션은 큰 차이를 보일 수 있습니다.

개선 카드-4

네 번째,

총 9장의 카드에서 자신이 할 수 있는 카드 2장을 선택해서 약속하고 개선하도록 합니다.

실제로 개선할 솔루션입니다.

사랑의 협상의 전제는 개선입니다.

무엇을 선택해도 개선한다는 것이 전제된 협상입니다.

조그만 한 개선이라 할지라도 상대와 서로를 위해 성장한 큰 발전이며 진보입니다.

가이드

파트너가 선택한 카드에서 선택하지 않았더라도 상대를 지지하고 응원해주어야 합니다. 자신이 할 수 있는 범위에서 최선을 다한 것이기에 격려하고 감사의 표현을 전해주세요.

개선 카드-5

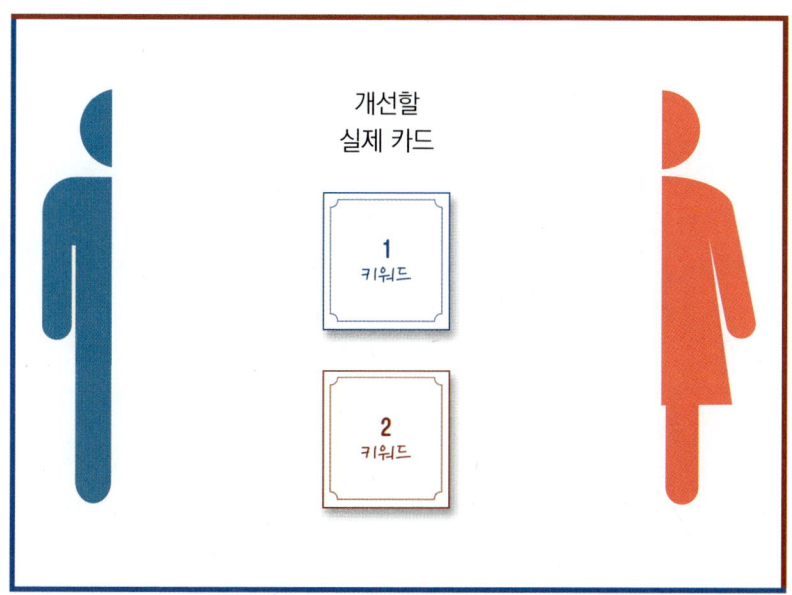

다섯 번째,
개선할 실제 방법을 어떻게 실행할 것인지를 제시합니다.

가장 중요한 부분입니다.
사랑의 협상은 바로 '개선할 실제 카드'를 위한 프로세스라고 할 수 있습니다.
자신의 성장과 관계의 성장을 위해 기쁜 마음으로 적극 활동합니다.

가이드 💡

9가지 키워드에서 스스로 개선할 실제 카드 2가지를 선택했습니다.
2가지를 선정한 것이지 아직 실행에 옮긴 것은 아닙니다.
수동적이고 소극적인 태도가 아닌 능동적이고 적극적인 태도가 당신을 더 빛나게 합니다.

커플 플랜

커플 계획서

인생을 계획하는 커플 플랜

커플 플랜은
1년 이상 된 커플, 장기적인 계획을 세우고픈 연인과 부부를 위한 프로그램입니다. 계속해서 사랑을 유지하고, 더 확장하며 같은 방향을 바라보거나 함께 걷도록 합니다. 커플 플랜 프로그램에 참여했던 커플들은 자연스럽게 결혼을 생각하게 되거나 결혼의 결실을 이루기도 합니다.
3년 연속 프로그램에 참여했던 커플은 커플 플랜을 통해 계획하고 경험을 하지 못한 사람하고는 너무나 시시해서 다른 사랑, 다른 사람과의 미래 또한 그릴 수 없다고 말합니다. 프로그램에 참여했던 후기로 커플 플랜을 '사랑의 올가미'라고도 표현을 합니다.

커플 플랜은
사랑이라는 감정으로 이성과 현실을 덮어버리려고 하지 않습니다. 그렇기에 특정 방향을 유도하지도 않습니다.
최소 1년 이상의 커플부터 25년 된 부부도 참여하기에 현실과 동떨어진 동화 같은 프로그램이어도 안 될 것입니다.
그렇다면 일회성의 이벤트로 끝나기 때문입니다.

20년 된 부부가 무심한 결혼 생활을 하다 주 2회의 부부 관계를 갖게끔 변화하거나 2년 차의 신혼부부도 처가, 시댁의 불편한 스트레스에 벗어나 만족스런 생활을 하거나 단순한 연인도 미래를 설계하고 결혼

까지 준비하는 등

커플 플랜을 통해 많은 경험과 변화가 이루어지고 있습니다.

하지만 현실을 살아가면서 제어할 수 없는 환경과 많은 역할 중에서 오직 1순위를 사랑과 파트너를 두라고 하지 않습니다.

사랑하는 파트너는 경우에 따라 1순위일 수도 있고, 4순위가 될 수도 있습니다.

환경, 역할, 감정에 따라 각자의 순위는 이동하고 변화합니다.

어쩌면 더 객관적이고 이성적, 현실적인 프로그램이라 더 사랑받는 이유인지도 모르겠습니다.

커플 플랜은 제어할 수 없는 환경과 많은 역할 속에서도
균형 잡힌 역할과 관계, 건강한 욕구와 의도의 조화를 이루도록 도와줍니다. 프로그램에 직접 참여하지 않고도 작성할 수 있도록 최대한 단순하고 쉽게 표현하였습니다.
예시를 보며 아이디어나 힌트를 얻으며 진행할 수 있습니다.

진행 방법

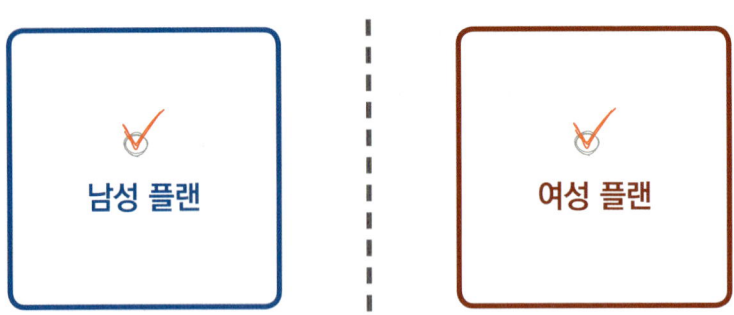

연인이나 부부라 해도 각자 따로 작성합니다.
상대가 볼 거라는 것을 인식하게 되면 서로를 의식해 솔직한 답변이 나오지 않는 것을 방지하기 위함입니다.
답변은 최대한 진실하게 작성하시기 바랍니다.
결국 그 답변을 볼 사람은 자기 자신이기 때문입니다.
프로그램의 구조를 총 14가지 질문에서 11번째 질문까지 각자가 작성하도록 구성하였기에 파트너를 염두에 두지 않고 자유롭게 작성하실 수 있습니다.

각각의 질문에 순서대로 자연스럽게 작성해 나갑니다.
질문 중 하나라도 제외하고 넘어가서는 안 됩니다.
하나의 질문은 전체적으로 유기적으로 연결되어있기에
모든 질문에 답변해 나가시면 됩니다.

14가지의 질문을 시작합니다.
이제 시작해 볼까요?

1번 질문 ⚡
1년 동안 함께하면서 좋았던 것은 무엇인가요?

1번 질문에는 크게 2가지 부분에 대해 적어봅니다.

둘이 해서 좋았던 일

커플, 부부가 함께하면서 좋았던 사건, 경험, 이벤트나 상대는 몰라도 자신만 기억하고 있는 순간이나 일들을 적습니다.
꼭 거창하거나 대단한 일이 아니어도 괜찮습니다.
둘만의 세상이고 둘만의 행복이기 때문입니다.

- ▶ 손 편지를 써서 주었던 일
- ▶ 직접 만든 도시락을 싸줬던 일
- ▶ 컨디션이 안 좋다고 하자 퇴근길에 픽업하러 온 일
- ▶ 갑작스럽게 떠난 여행
- ▶ 해외여행을 같이 간 것
- ▶ 가보고 싶었던 비싼 레스토랑에서 식사한 일
- ▶ 크리스마스를 함께 보낸 일 등 둘만의 좋았던 1년 동안의 일 등

상대에 도움이나 존재 때문에 좋은 일이 있었던 일

혼자는 하지 못했거나 상대 때문에 좋은 변화가 일어났던 일들을 적어봅니다.

- 창고 정리나 대청소를 같이 한 일
- 학원이나 세미나, 교육 과정을 마칠 수 있게 격려해 준 일
- 운동 회원권을 등록해 준 일
- 주 1회 같이 운동해 준 일
- 모임 활동에 참가시켜 좋은 사람들을 많이 알게 된 일
- 저금리의 대출 상품을 골라 준 일
- 새롭게 시작한 취미 생활의 도구를 선물해 준 일
- 서로의 미래를 위해 현실적인 목표를 갖게 된 일
- 작년에 커플 플랜을 작성한 일 등

1년 동안의 좋았던 기억나는 일들을 최대한 많이 적어봅니다.
상대로 인한 만족, 고마움, 행복 등을 곱씹으며 기쁜 시간이 되길 바랍니다.

1년 동안 함께 하면서 좋았던 것은 무엇인가요?
경험, 사건, 이벤트, 성과 등 최대한 많이 써봅니다.
함께하면서 좋았던 생각을 떠올리며 적어봅니다.

2번 질문 📌
1년 동안 함께 하면서 아쉬웠던 것은 무엇인가요?

2번 질문에는 크게 2가지 부분에 대해 적어봅니다.

아쉬웠거나 실수했던 일

지난 1년 동안 아쉬웠거나 실수했던 일들을 적어봅니다.
잘못을 따지자는 것이 아닙니다.
각자가 작성하는 것이기에 상대의 눈치를 볼 필요가 없습니다.
자신이 생각할 때 아쉬웠거나 실수했던 일이라고 생각하는 것들을 적어봅니다.

- ▶ 상대가 야식을 좋아해서 같이 먹다 보니 몸무게 7킬로그램이 늚
- ▶ 데이트하느라 운동, 학원 등을 가지 못함
- ▶ 여름휴가 스케줄이 안 맞아 같이 보내지 못했던 일
- ▶ 회사 일이 바빠 1주일에 한두 번밖에 못 본 일
- ▶ 연락을 자주 못했던 일
- ▶ 생일 선물을 해주지 못한 일
- ▶ 성의 없이 전화받거나 짜증 냈던 일
- ▶ 새롭게 시작한 일에 도움을 주지 못한 일 등

손해나 피해가 일어나는 일

커플도 마찬가지입니다만 특히 부부라면 사랑이라는 이름으로 언제까지 피해, 손해, 불만 등을 쌓아 둘 수 없습니다.

사랑도 현실이기 때문입니다.

피해 보는 일이 있다면 피해라는 것을 인식해야 하는 것도 중요하고 피해라고 하더라도 필요한 피해라면 받아들여야 하는 것입니다.

▶ 데이트 비용 때문에 저축은커녕 매달 50만 원의 마이너스
▶ 회식 자리에 계속해서 참석하지 못하게 해서 팀 분위기를 해침
▶ 픽업해 달라고 해서 2시간 일찍 문을 닫느라 매장의 매출과 이미지 타격
▶ 저녁엔 못 나가게 해서 개인 생활이 없음
▶ 상대방의 취미 생활로 모든 집안일을 혼자 해야 함 등

1년 동안의 아쉬웠던 일들을 적으니 마음이 불편할 것입니다.

그러나 두 사람이 함께하며 불필요한 점을 개선하고 제거해야 하는 일이라면 직면해야 할 일입니다.

1년 동안 함께 하면서 아쉬웠던 것은 무엇인가요?
사건, 다툼, 계획, 오해 등을 적어봅니다.

3번 질문 📌
행복의 교훈과 비결은 무엇인가요?

3번 질문에는 크게 2가지 부분에 대해 적어봅니다.

행복의 비결

행복의 비결이나 이유가 있다면 그것을 추구하고 해보거나 계속해서 유지하면 됩니다.
몰라서 못 했던 행복이라면, 알게 돼서 계속할 수 있다면
계속해서 확장해 나가며, 행복에 계속해서 머무를 수 있을 것입니다. 1번 질문에 작성했던 '1년 동안 함께 하면서 좋았던 일' 중에서 베스트 7개를 골라 적습니다.
그리고 그 7가지가 좋았던 이유나 그렇게 할 수 있었던 비결을 적어봅니다. 대단한 일입니다. 나와 우리의 행복의 비결을 알게 되기 때문입니다.

아쉬웠던 일의 교훈이나 의도

어쩌면 불편했을 2번 질문입니다.
'1년 동안 함께 하면서 아쉬웠던 것은 무엇인가요?' 중에서 베스트 7개를 골라 적습니다. 모든 일에는 양면성을 가지고 있습니다. 아쉬웠다는 것은 더 잘하지 못한 따뜻한 마음이 있음을 전제합니다. 상대에게 존중을 받지 못하고 있다는 생각이 드는 건 존중에 대한 자신의 역량이 있기 때문입니다.

실수는 누구나 하는 것입니다.

그 실수에서 개선하고 발전하려는 교훈을 발견하게 된다면 그 실수는 훌륭한 거름이 되어 더 큰 열매로 보답을 할 것입니다. 어쩌면 불편했고 외면하고 싶었던 기억을 떠올리게 한 2번 질문에서 보물을 발견해야 합니다.

2번 질문 '1년 동안 함께하면서 아쉬웠던 것은 무엇인가요?'에서 베스트 7개를 골라 그 사건으로 알게 된 교훈이나 의도를 발견하시길 바랍니다. 대단한 일입니다.

실수에서도 행복을 위한 교훈과 의도를 알게 되는 일이기 때문입니다.

원활한 작성을 위해 예시를 보면서 힌트를 얻으시길 바랍니다.

보시다시피 정답이나 더 나은 답은 없습니다.

조금 더 구체적으로 표현하고 다듬어야 하지만 앞으로 2번에 걸쳐 다듬을 것이기에 예시로 표현된 만큼만 적을 수 있어도 좋습니다.

예시 행복의 비결과 교훈은 무엇인가요?

좋았던 사건 7가지

1. 손 편지를 써주니 감동했다
2. 퇴근길에 픽업을 해주었다
3. 해외여행을 같이 간 것
4. 새로운 취미 생활의 도구를 선물받은 것
5. 가보고 싶었던 레스토랑 간 것
6. 현실적인 목표를 갖게 된 일
7. 교육 과정을 마칠 수 있게 격려해 준 일

좋았던 사건 7가지의 이유/비결

1. 진심을 전하니 좋음
2. 노력해 줘서 고마움
3. 큰 계획을 이루어서 성취감
4. 세심하게 챙겨주니 고마움
5. 큰 지출임에도 로망을 채워 줌
6. 책임감을 느낌
7. 내 일을 지지해 줌

아쉬웠던 사건 7가지

1. 생일 선물을 해주지 못한 일
2. 야식을 함께 먹다 보니 몸무게 7킬로그램 늚
3. 잦은 전화에 성의 없게 받음
4. 피임하지 않으려 함
5. 정리 정돈을 안 함
6. 개인 모임으로 함께한 시간이 적었음
7. 개인 지출로 데이트 비용이 모자람

아쉬웠던 사건 7가지의 교훈/의도

1. 미루지 말고 미리 사두기
2. 다른 방법의 데이트 찾기
3. 소중함을 알기
4. 나를 아껴주고 존중받길 원함
5. 깨끗한 환경을 원함
6. 시간 조절로 균형 맞추기
7. 더 효용적인 지출 기준 잡기

행복의 비결과 교훈은 무엇인가요?

좋았던 사건 7가지

1.
2.
3.
4.
5.
6.
7.

좋았던 사건 7가지의 이유/비결

1.
2.
3.
4.
5.
6.
7.

아쉬웠던 사건 7가지

1.
2.
3.
4.
5.
6.
7.

아쉬웠던 사건 7가지의 교훈/의도

1.
2.
3.
4.
5.
6.
7.

4번 질문
원치 않아도 계속 반복된 일은 무엇이었나요?

4번째 질문인 '원치 않아도 계속 반복된 일은 무엇이었나요?'는 너무나 중요한 부분입니다.

이 질문은 너무나 중요하기에 커플 차트 디브리퍼와 함께 한다면 좋겠지만 안내에 따라 순차적으로 답변해 나간다면 번개 같은 깨달음과 앞으로의 행복한 연애 생활을 할 수 있을 것입니다. 수많은 연애 상담을 하며 연애에 대한 잘못된 신념으로 믿기지 않는 사연들도 많았습니다.

- 5년 동안 2백 명의 이성과 잠자리를 인정받은 횟수로 생각하는 여성
- 성적 학대를 당해서 헤어졌다가도 혼자이기 싫어 계속해서 받아주는 여성
- 아버지에 대한 복수로 나이 많은 남성의 희롱을 다 받아주는 여성
- 만났던 이성 친구의 대소사를 모두 챙기는 남성
- 여성에게 받은 상처를 여성에게 갚아 주려는 남성
- 여성의 요구로 집을 두 채를 사주고 빚더미에 앉은 남성
- 상대가 다가오면 받아주지 않다가 상대가 포기하면 그때 대쉬하는 남녀들
- A 같은 이성을 만나길 원하는데 B 같은 이성만 만나게 됨
- A 같은 이성을 절대로 만나고 싶지 않지만, A만 사귐

너무나 많은 사연과 상담을 해왔습니다.

원인과 결과로 자신으로 인한 원인으로 그와 같은 결과가 일어남에도 불구하고 스스로는 그것을 전혀 모른다는 것입니다.

질문은 주로 신념과 가치를 알기 위한 질문으로 되어있어서 깊은 통찰이 필요합니다.

특히, 질문 1-2의 답변이 100%가 아니라면 다시 질문 1-1의 답변을 해야 합니다.

질문 1-1의 답변과 질문 1-2의 답변을 계속해서 반복 답변하면서 100%에 맞는 답변을 하는 것이 핵심입니다.

중요한 부분이라 예시를 3번이나 들 것입니다.

그만큼 중요하기에 이 질문에 답변을 꼭 찾길 바랍니다.

예시 1 원치 않아도 계속 반복된 일은 무엇이었나요?

(질문에 답변에 계속 이어서 답변해야 합니다.)

질문 1	원치 않아도 계속 반복되는 생각이나 사건은 무엇인가요?
질문 1의 답변	연애를 시작하면 너무 잦은 연락으로 일을 할 수가 없다. 스트레스만 받다가 흐지부지 끝난다.
질문 1-1 (질문 1의 답변으로 답변)	이러한 생각(신념)만 갖는다면 모든 사람이 내가 겪었던 사건을 똑같이 겪을 수 있을까요?
질문 1-1의 답변	최대한 연락을 적게 하면서 상대가 부담 없는 시간을 골라 통화하기 괜찮다고 대답할 때 연락을 하면 된다는 신념
질문 1-2	답변을 한 생각(신념)을 가지면 모든 사람이 나와 똑같은 결과가 일어나는 신념인가요? (100%가 아니라면 전 단계인 1-1질문으로 가세요.)
질문 1-2의 답변	네. 그렇습니다.
질문 1-3	나 또는 우리에게 도움이 되기 위해서 어떤 생각이나 신념을 가져야 할까요?
질문 1-3의 답변	연락이 온다는 것은 나에 대한 애정으로 받아들인다.

예시 2 원치 않아도 계속 반복된 일은 무엇이었나요?

(질문에 답변에 계속 이어서 답변해야 합니다.)

질문 1	원치 않아도 계속 반복되는 생각이나 사건은 무엇인가요?
질문 1의 답변	토요일을 같이 보냈으면 일요일은 집에 갔으면 좋겠다. 혼자만의 시간을 갖고 싶어 솔로를 택한다.
질문 1-1 (질문 1의 답변으로 답변)	이러한 생각(신념)만 갖는다면 모든 사람이 내가 겪었던 사건을 똑같이 겪을 수 있을까요?
질문 1-1의 답변	내 욕구에 맞추어 상대는 있어 주고 가야 된다는 신념을 가지면 된다.
질문 1-2	답변을 한 생각(신념)을 가지면 모든 사람이 나와 똑같은 결과가 일어나는 신념인가요? (100%가 아니라면 전 단계인 1-1질문으로 가세요.)
질문 1-2의 답변	네. 그렇습니다.
질문 1-3	나 또는 우리에게 도움이 되기 위해서 어떤 생각이나 신념을 가져야 할까요?
질문 1-3의 답변	나와 함께 하고 싶어 하는 고마운 마음으로 수용하자.

예시 3 원치 않아도 계속 반복된 일은 무엇이었나요?

(질문에 답변에 계속 이어서 답변해야 합니다.)

질문 1	원치 않아도 계속 반복되는 생각이나 사건은 무엇인가요?
질문 1의 답변	나이도 많고 가진 게 없어서 연애하기가 어렵다. 그래서 연애를 못하고 있다.
질문 1-1 (질문 1의 답변으로 답변)	이러한 생각(신념)만 갖는다면 모든 사람이 내가 겪었던 사건을 똑같이 겪을 수 있을까요?
질문 1-1의 답변	나이가 어리고 가진 게 있는 사람만 연애를 하고 결혼을 할 수 있다.
질문 1-2	답변을 한 생각(신념)을 가지면 모든 사람이 나와 똑같은 결과가 일어나는 신념인가요? (100%가 아니라면 전 단계인 1-1질문으로 가세요.)
질문 1-2의 답변	네. 그렇습니다.
질문 1-3	나 또는 우리에게 도움이 되기 위해서 어떤 생각이나 신념을 가져야 할까요?
질문 1-3의 답변	연애는 누구나 할 수 있다. 우선 사귀고 나서 생각하자.

원치 않아도 계속 반복된 일은 무엇이었나요?

(질문에 답변에 계속 이어서 답변해야 합니다.)

질문 1	원치 않아도 계속 반복되는 생각이나 사건은 무엇인가요?
질문 1의 답변	
질문 1-1 (질문 1의 답변으로 답변)	이러한 생각(신념)만 갖는다면 모든 사람이 내가 겪었던 사건을 똑같이 겪을 수 있을까요?
질문 1-1의 답변	
질문 1-2	답변을 한 생각(신념)을 가지면 모든 사람이 나와 똑같은 결과가 일어나는 신념인가요? (100%가 아니라면 전 단계인 1-1질문으로 가세요.)
질문 1-2의 답변	
질문 1-3	나 또는 우리에게 도움이 되기 위해서 어떤 생각이나 신념을 가져야 할까요?
질문 1-3의 답변	

5번 질문

추구하는 가치는?

이번 5번 질문은
연애의 행복 비결을 넘어 인생의 행복 비결일 수 있습니다.
서로가 좋은 인생일 때 좋은 동반자로 좋은 일상을 보냅니다.
자신은 만족하는데 상대는 불만족이거나, 자신은 불만족한데 상대는 만족하거나 자신은 불만족이고 상대도 불만족이라면 서로가 힘들 수 있습니다. 인간의 모든 이슈는 4가지 일, 관계, 사고, 몸 관련해서 벗어날 수 없기 때문입니다. 관계에 대한 100% 만족이 있다 하더라도 나머지 3가지 영역에서 만족할 수 없다면 관계까지 영향을 받게 됩니다. 이번 작업으로 인해 내가 나의 의도를 정확히 파악하게 되면 건강한 정신과 건강한 상태로 좋은 관계의 커뮤니케이션이 가능합니다. 나 그리고 너와 함께 하는 우리가 건강한 동반자로 일상을 보내기 위해서는 꼭 필요한 작업입니다.

질문은
'정의' - 개인의 신념을 알 수 있는 질문
'왜 중요?' - 가치를 알기 위한 질문
'어떤 의미?' - 신념을 알기 위한 질문이므로
마지막 답변이 더 갈 수 없는 끝장 답변이 나올 때까지
질문을 계속 대입시키면서 답변을 찾으시길 바랍니다.

추신

개인의 정의이고 답변이기에 역시나 정답은 없습니다.
그럴듯한 답변이 아니라 본인이 생각하는 본인의 답변이면 충분합니다. 그것이 정답입니다.

예시 1 추구하는 가치

질문	정신 SPIRIT
키워드 정의	멘탈
왜 중요? 어떤 의미?	모든 것에 대응할 수 있는 것
답변	월등함

질문	관계 RELATION
키워드 정의	풍요로움
왜 중요? 어떤 의미?	세상은 관계로 이루어져 있음
답변	나도 세상의 구성원

질문	일 WORK
키워드 정의	성취
왜 중요? 어떤 의미?	현실
답변	능력 증명

질문	건강 BODY
키워드 정의	제일 중요한 것
왜 중요? 어떤 의미?	평생 함께 가는 것
답변	관리 잘해야 함

예시 2 추구하는 가치

질문	정신 SPIRIT
키워드 정의	명상
왜 중요? 어떤 의미?	편안함
답변	삶의 안정

질문	관계 RELATION
키워드 정의	시도
왜 중요? 어떤 의미?	노력해야 함
답변	대가

질문	일 WORK
키워드 정의	일상
왜 중요? 어떤 의미?	일상의 반
답변	선택

질문	건강 BODY
키워드 정의	당연함
왜 중요? 어떤 의미?	평생
답변	함께

예시 3 추구하는 가치

질문	정신 SPIRIT
키워드 정의	멘탈
왜 중요? 어떤 의미?	안 되는 걸 가능하게 함
답변	압도

질문	관계 RELATION
키워드 정의	케어
왜 중요? 어떤 의미?	책임
답변	도리

질문	일 WORK
키워드 정의	성취
왜 중요? 어떤 의미?	결과
답변	파워

질문	건강 BODY
키워드 정의	노력
왜 중요? 어떤 의미?	그대로 반영
답변	유익함

추구하는 가치

질문	정신 SPIRIT
키워드 정의	
왜 중요? 어떤 의미?	
답변	

질문	관계 RELATION
키워드 정의	
왜 중요? 어떤 의미?	
답변	

질문	일 WORK
키워드 정의	
왜 중요? 어떤 의미?	
답변	

질문	건강 BODY
키워드 정의	
왜 중요? 어떤 의미?	
답변	

6번 질문
나의 역할은?

완전한 오지나 무인도에 살지 않는다면 우리는 아무리 소극적인 사회생활을 한다 해도 몇 가지의 역할을 수행하고 있습니다. 직장인의 나, 누구의 남편 또는 아내의 나, 누구의 남자 친구 또는 여자 친구의 나, 자녀로서의 나, 모임 스텝으로의 나 등 다양한 역할을 맡고 있습니다.

우리는 단편적으로 상대와 나 이외에 환경적인 상황과 역할들의 영향을 받는다는 것을 알고 있습니다.
그렇기 때문에 자신이 어떤 역할을 맡고 있는지 인식할 때
수많은 자신의 나를 알게 되고, 인식하고 선별하여 방향성을 잡을 수 있습니다. 그래야 혼란을 겪지 않고 삶의 균형을 가져올 수 있습니다.

이번 질문에 대해 자신의 역할을 작성하면서
자신의 책임과 의무는 무엇인지 생각해봅니다.
자신이 하는 일들을 적어봅니다.
여러 활동에서 맡은 역할을 적어봅니다.
수많은 역할에서 각 영역에 베스트 2가지씩을 적어봅니다.
예시를 보고 참고하여 작성에 도움을 받으시길 바랍니다.

예시 1 나의 역할은?

질문	정신 SPIRIT
역할1	작가
역할2	트레이너

질문	관계 RELATION
역할1	남자 친구
역할2	자녀

질문	일 WORK
역할1	카페 대표
역할2	투자사 영업 이사

질문	건강 BODY
역할1	달리기 모임 회원
역할2	홈 트레이너

예시 2 나의 역할은?

질문	정신 SPIRIT
역할1	배우
역할2	여행자

질문	관계 RELATION
역할1	여자 친구
역할2	학과 선배

질문	일 WORK
역할1	회사원
역할2	예술가

질문	건강 BODY
역할1	요가
역할2	러너

예시 3 나의 역할은?

질문	정신 SPIRIT
역할1	애완인
역할2	종교인

질문	관계 RELATION
역할1	남편
역할2	아들

질문	일 WORK
역할1	건축가
역할2	투자자

질문	건강 BODY
역할1	건강원
역할2	미식가

나의 역할은?

질문	정신 SPIRIT
역할1	
역할2	

질문	관계 RELATION
역할1	
역할2	

질문	일 WORK
역할1	
역할2	

질문	건강 BODY
역할1	
역할2	

나의 역할은?

5번의 질문 '추구하는 가치는?'과 6번의 질문 '나의 역할은?'을 통합하는 과정을 갖습니다.

내가 생각하는 4가지의 영역의 가치(정신, 몸, 일, 관계)와 내가 맡은 4가지의 영역의 역할은 당연히 연결성이 있어야 합니다. 혹, 영역의 가치와 역할이 부합되지 않는다면 역할을 없애거나 축소해도 별 무리는 없을 것입니다.

나의 역할은 그만한 가치가 있기 때문인데 가치도 없는 역할에 돈, 시간, 에너지가 든다면 이번 기회에 과감한 결정을 하는 것도 좋습니다. 그러나 역할을 지속해야 하거나 새롭게 가치를 부여하여 역할을 수행하고 싶다면 재정립을 하는 시간을 갖도록 합니다.

역할과 가치가 연결되어 일치한다면 힘이 납니다.
역할의 탄력을 받아 긍정적 영향력을 끼칩니다.
의미 있고 가치가 있으니 만족도가 높고 어려움을 쉽게 극복합니다. 어떨 때는 어려움이라고 생각하지도 않습니다.
스트레스 완화나 해소가 되며 삶의 활력이 생기고 파트너에게도 긍정적 영향력을 끼칩니다. 더 나아가 인생 전반의 만족과 행복도가 올라갑니다.

나의 역할	나의 가치
사회적 활동	삶의 기준
주어진 책임, 의무	행복의 기준
내가 선택한 것	좋고 싫음의 기준
나의 환경	자신의 선택 기준
내가 선택당한 등	신념의 묶음 등

나의 역할과 나의 가치를 대입하여 얼마나 적합하지를 아는 시간이 되길 바랍니다.

예시 1 나의 역할은?

정신 SPIRIT		가치
역할1	작가	월등함
역할2	트레이너	월등함

관계 RELATION		가치
역할1	남자 친구	구성원
역할2	자녀	구성원

일 WORK		가치
역할1	카페 대표	능력 증명
역할2	투자사 영업 이사	능력 증명

건강 BODY		가치
역할1	달리기 모임 회원	관리
역할2	홈 트레이너	관리

예시 2 나의 역할은?

정신 SPIRIT		가치
역할1	자신	나눔
역할2	봉사원	나눔

관계 RELATION		가치
역할1	아내	편안함
역할2	엄마	편안함

일 WORK		가치
역할1	연극PD	팀워크
역할2	협력사	팀워크

건강 BODY		가치
역할1	자신	휴식
역할2	자신	휴식

예시 3 나의 역할은?

정신 SPIRIT	가치
역할1	자신	실현
역할2	평론가	실현

관계 RELATION	가치
역할1	여자 친구	좋은 환경
역할2	영화 모임	좋은 환경

일 WORK	가치
역할1	영화감독	최고
역할2	리포터	최고

건강 BODY	가치
역할1	필라테스	노력
역할2	요가	노력

나의 역할은?

정신 SPIRIT	가치
역할1	
역할2	

관계 RELATION	가치
역할1	
역할2	

일 WORK	가치
역할1	
역할2	

건강 BODY	가치
역할1	
역할2	

7번 질문 📌
집중해야 할 주요 역할

7번째 질문 '집중해야 할 주요 역할'을 통해 얻을 수 있는 이점입니다.

- ▶ 1년 동안의 역할 에너지 분포와 만족 점수를 알 수 있습니다.
- ▶ 1년 동안의 전반적인 균형 등을 알 수 있습니다.
- ▶ 1년 동안 집중한 역할을 알 수 있습니다.
- ▶ 1년 동안 객관적인 시각으로 볼 수 있습니다.
- ▶ 1년 동안 관심과 노력을 쏟아 온 성과를 알 수 있습니다.
- ▶ 1년 동안 자신의 삶을 점검할 수 있습니다.

과거는 과거일 뿐이지만, 과거의 총합이 오늘이기도 합니다.
커플 플랜에서는 모든 과거의 총합이 아닌 경우에 따라 짧게는 6개월, 1년 동안의 총합이므로 현재에 가까운 총합을 근거로 봅니다. 현재, 지금에 집중된 역할의 분포도를 나타내어 검토합니다. 인생의 전반적인 분포 그리고 파트너와의 관계적인 조화를 확인합니다.

추신 💡
파트너와 공유할 수도 있지만 각자 작성하는 부분이기에 공개 없이 진행할 수 있습니다. 솔직한 마음으로 작성하는 시간을 갖습니다.
예시를 통해 참고합니다.

예시 1 집중해야 할 주요 역할

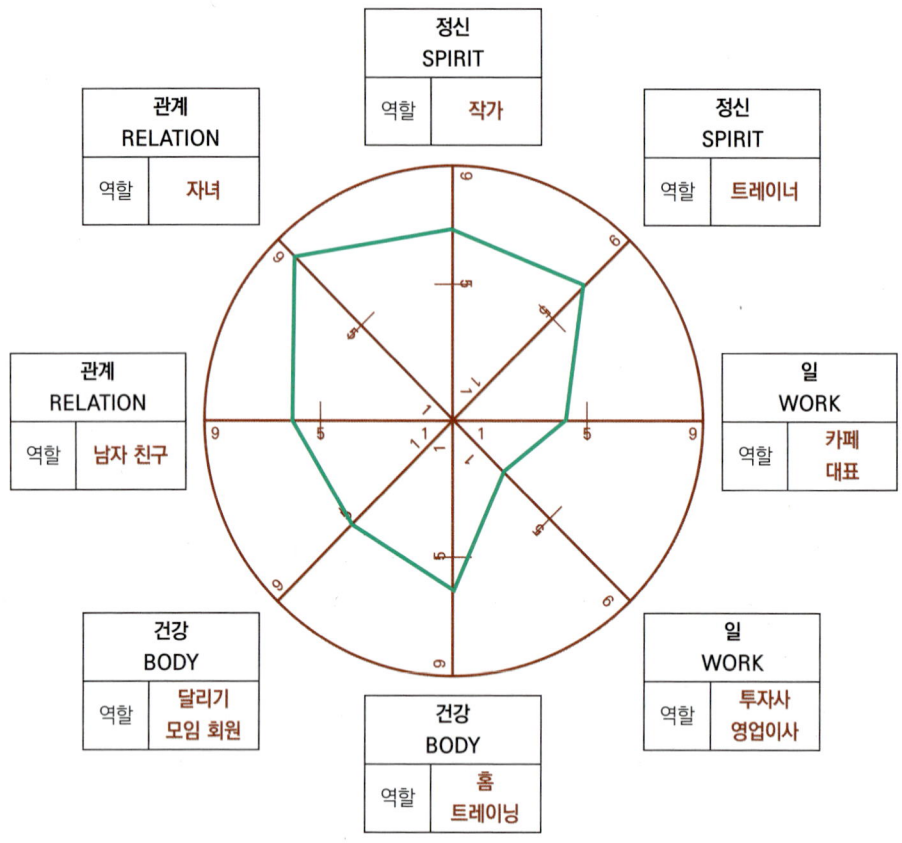

그래프에서 알 수 있듯 관계 부분에서는 만족하며 건강 부분에서는 보통, 일에서는 저조하고 만족도가 떨어집니다. 사고나 자신의 감성적인 부분에서는 보통의 만족도입니다.
이렇듯 1년 동안의 성과의 삶의 균형을 확인합니다.

예시 2 집중해야 할 주요 역할

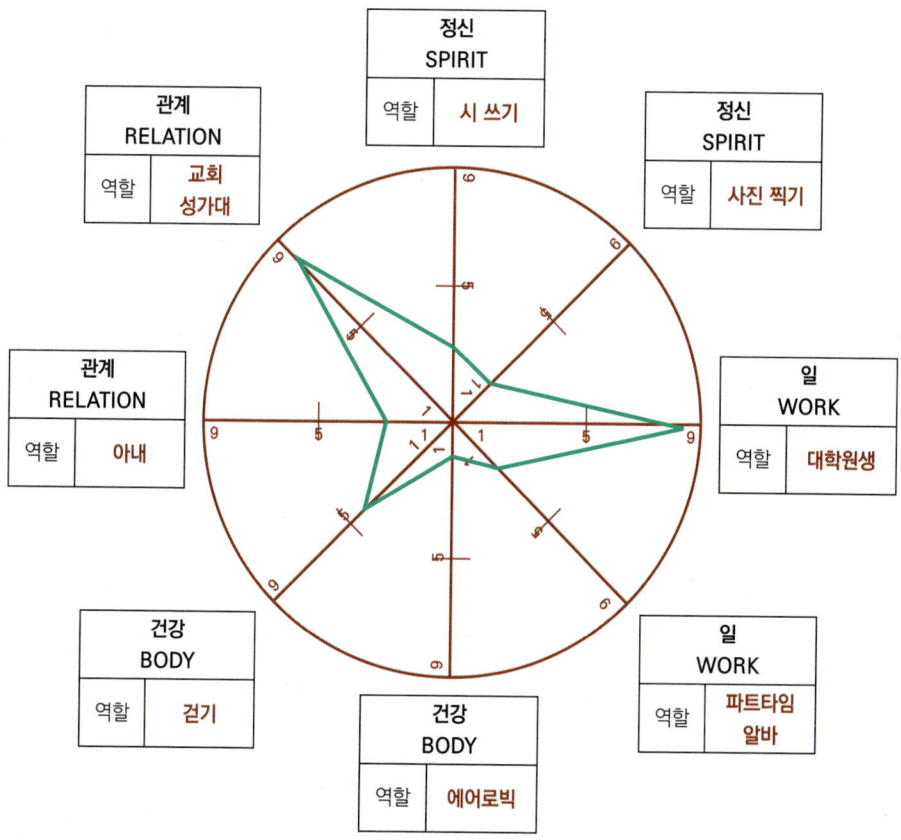

그래프에서 알 수 있듯 극단적으로 2가지 역할에만 집중된 것을 알 수 있습니다. 1년 동안의 전반적인 인생을 하나의 그림(그래프)으로 전반적인 상태를 파악합니다.

예시 3 집중해야 할 주요 역할

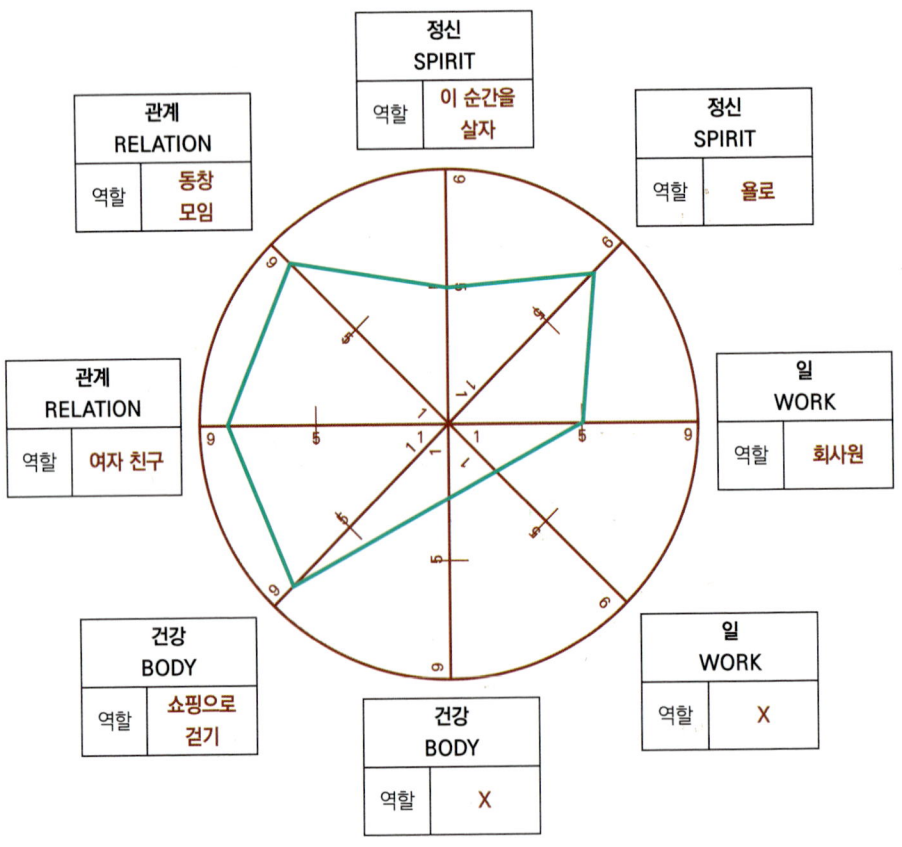

20대 여성의 그래프로 아주 발랄하고 재미있게 사는 것 같습니다. 8가지 역할을 꼭 다 채울 필요는 없습니다. 없다면 없는 대로 작성을 합니다.
어느 한 영역에서 역할이 많을 경우 한두 역할은 추가할 수 있으나 가능하다면 우선순위 2가지를 선별하는 것을 추천합니다.

집중해야 할 주요 역할

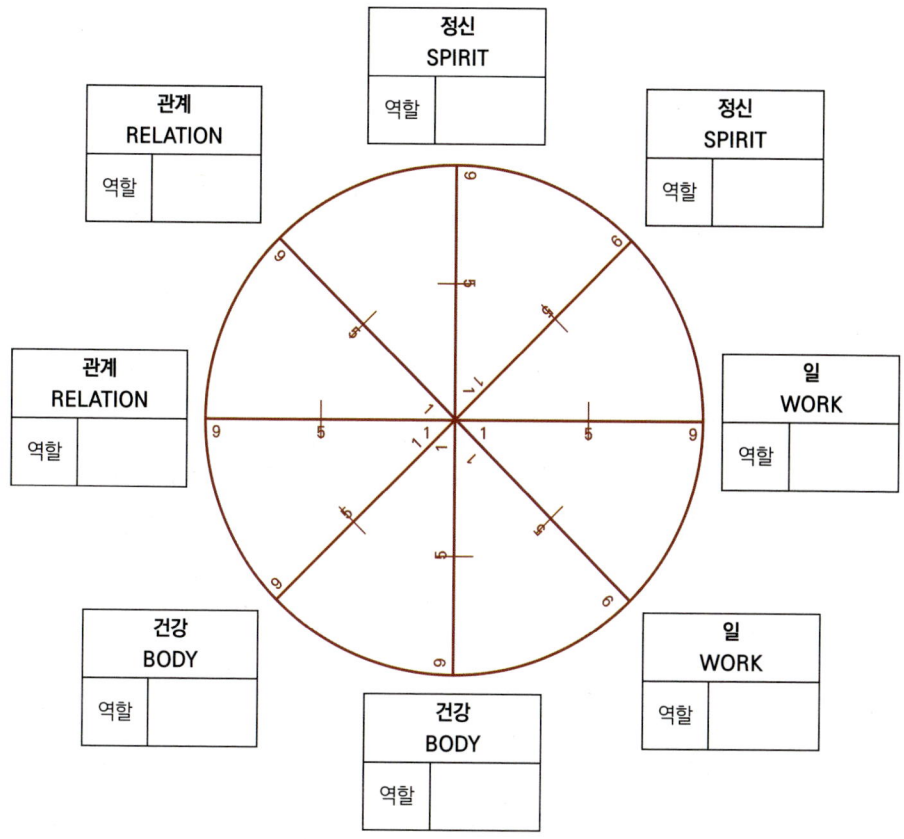

8번 질문 ✐
원하는 역할들의 분포도

과거는 과거입니다.
과거를 유지할 수도 있지만
개선하여 변화를 가져올 수도 있습니다.
8번째 질문 '원하는 역할들의 분포도'는 말 그대로
지금까지의 역할들의 분포도 위에 앞으로 변화하고 싶은
바람, 의지, 목표, 의도 등을 나타내는 작업을 진행할 것입니다. 앞으로의 1년 동안 집중해서 얻고 싶은 만족, 성과, 행복의 선을 정합니다.

자신이 원하지 않는 건 줄이거나 안 해도 괜찮습니다.
축소할 수 있고
유지할 수도 있으며
확장하고 완전히 바꿀 수도 있습니다.
자신의 바람, 의지, 목표, 의도 등을 나타내는 것으로 진심으로 나타내길 바랍니다.

당신의 작성을 돕기 위해 친절한 예시를 충분히 들 것입니다.
예시를 보며 힌트나 아이디어만 얻으면 됩니다.
당신은 솔직하고 진심으로 자신의 마음을 표현하며 나타내기만 하면 됩니다. 지금은 자신만의 것이기에 마음껏 표현해 봅니다.

예시 1 원하는 역할들의 분포도

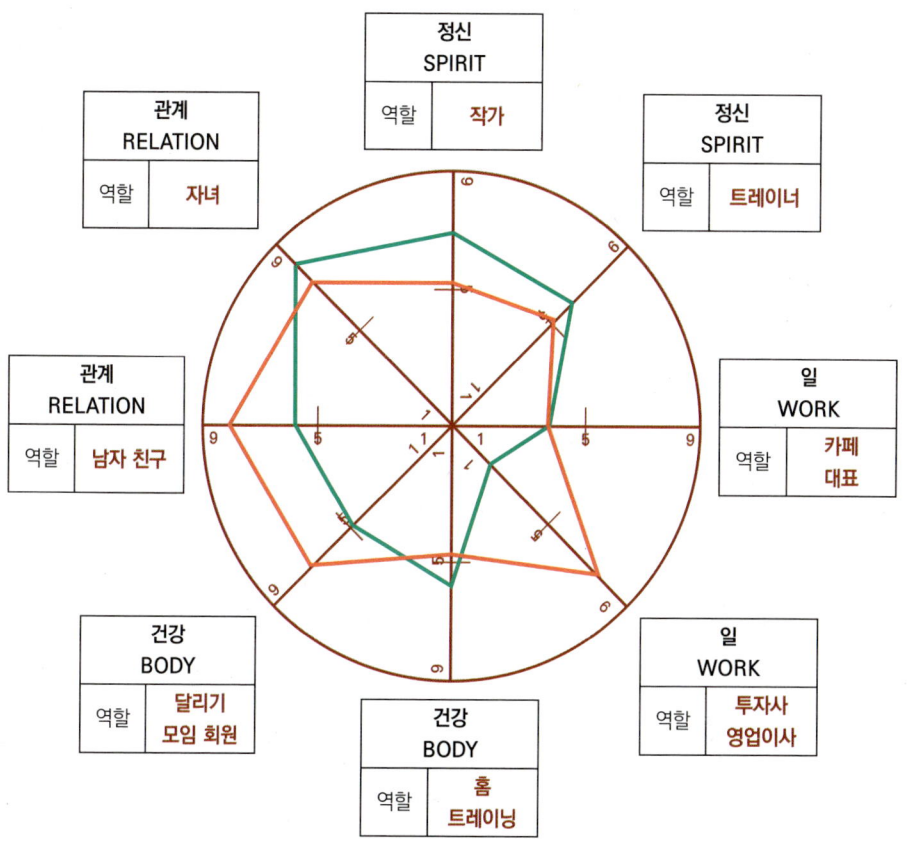

대체로 큰 변화는 없습니다.
눈에 띄는 건 약간의 조절과 일에 대한 역할의 비중을 크게 향상했습니다. 일에 대한 성과에 집중하는 그래프를 보입니다.

예시 2 원하는 역할들의 분포도

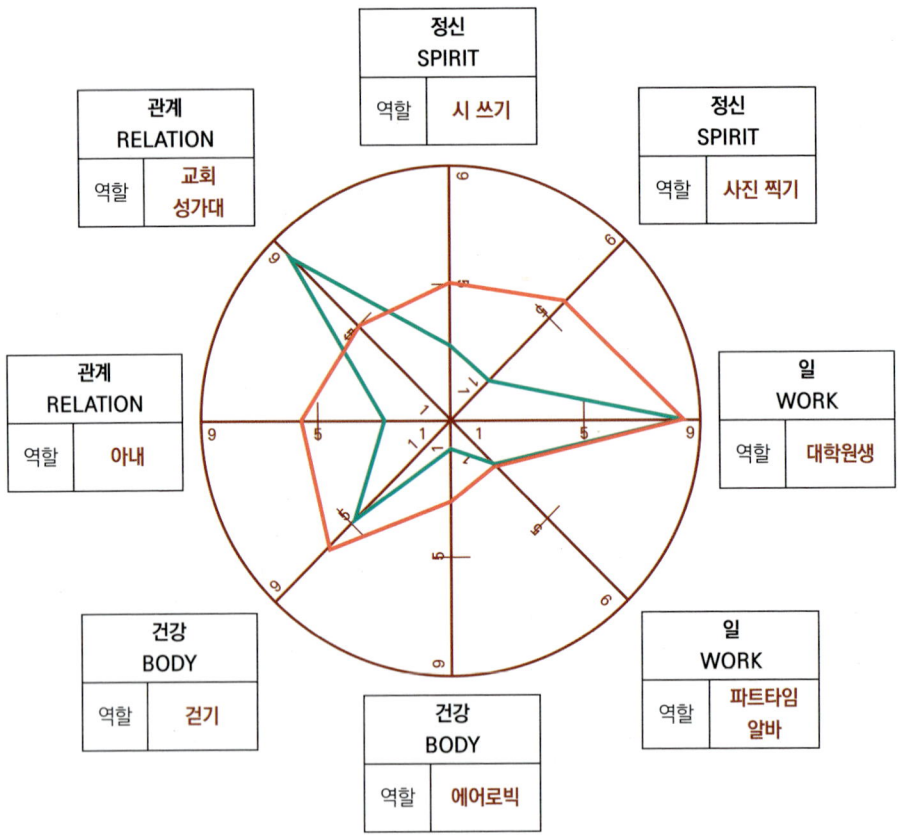

계속해서 역할인 대학원생은 유지하고 사회 활동은 줄이는 그림입니다. 아내로서의 역할 그리고 건강에 대한 역할을 늘려 조화를 갖고자 하는 그래프를 보입니다.

예시 3 원하는 역할들의 분포도

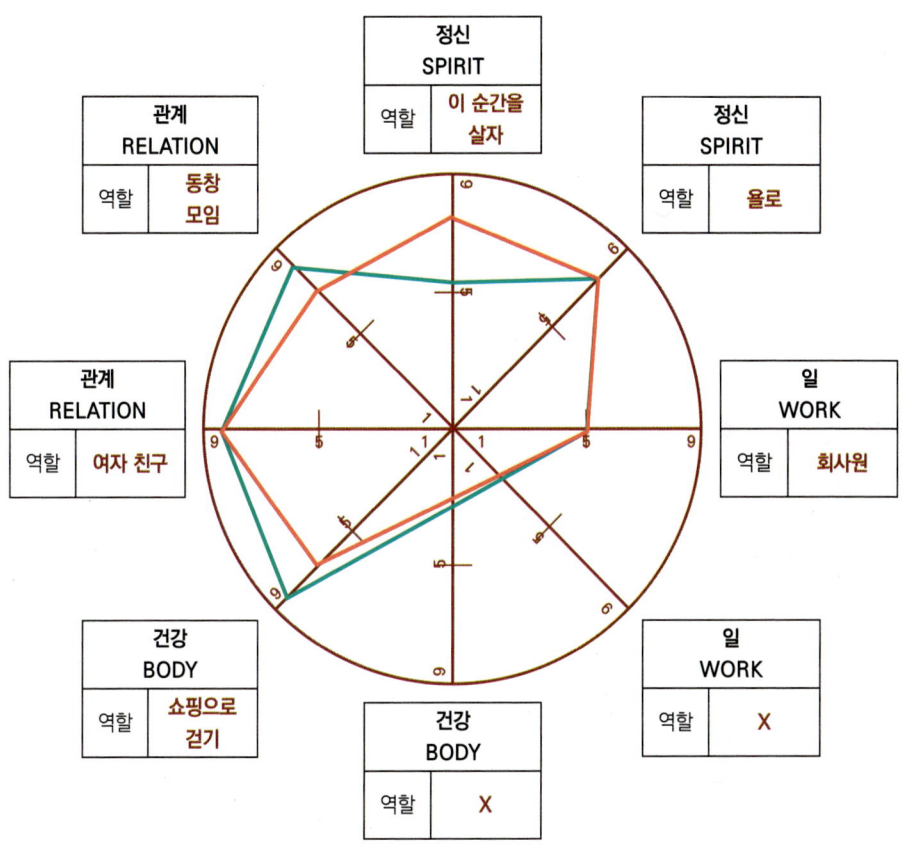

지금의 삶에 아주 만족하는 듯합니다.
그래프가 한쪽으로 치우쳐 있지만, 자신의 인생에 만족하고 계속 유지하고 싶다면 그래야 합니다. 형식적으로 좋은 그림을 나타내는 것이 중요한 게 아니기 때문입니다.

9번 질문

원하는 목표를 위한 목표 정하기

현재 역할의 분포도와 원하는 역할의 분포도에는
지금의 나의 상태와 원하는 상태의 차이가 발생합니다.
바로 이 차이를 줄이고자 합니다.
지금의 역할의 분포도에서 원하는 역할의 분포도로
가기 위한 다리라고 할 수 있습니다.
바로 원하는 역할의 목표 정하기입니다.

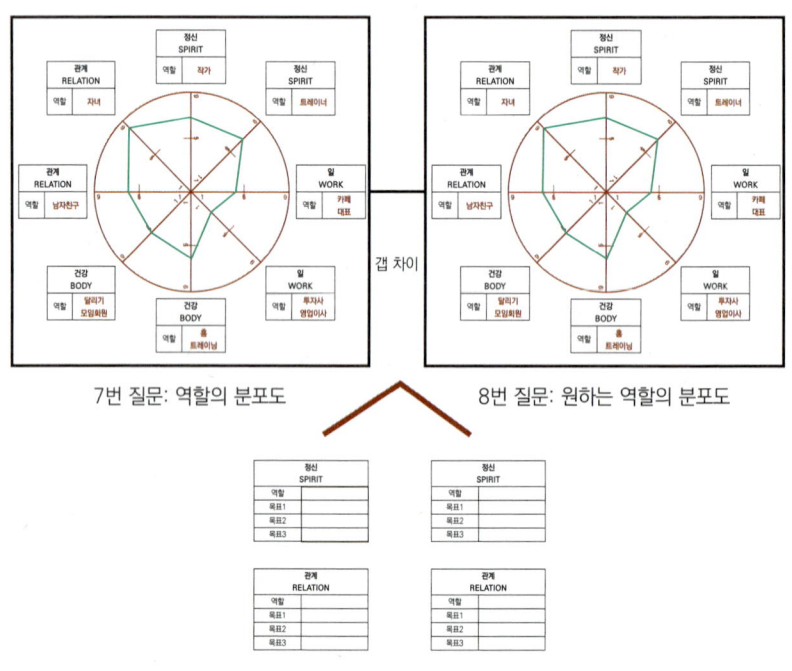

현재의 역할 분포도에서 원하는 분포도를 가기 위한 각 역할의 목표들을 적어봅니다.

예시 1 역할의 목표

8개의 역할과 역할들의 목표를 적습니다.

정신 SPIRIT	
역할	기도
목표1	새벽 기도
목표2	주중 예배
목표3	성가대 가입

정신 SPIRIT	
역할	호흡
목표1	아침 15분
목표2	아침, 저녁 15분
목표3	틈날 때마다 호흡

관계 RELATION	
역할	폭식 모임
목표1	일지 쓰기
목표2	2주마다 모임 참석
목표3	회원과 함께 공유

관계 RELATION	
역할	세미나 모임
목표1	프로그램 수료
목표2	재수강 인맥 늘리기
목표3	연락 담당 맡기

일 WORK	
역할	개인 투자자
목표1	일 25만 원 수익
목표2	주 100만 원 수익
목표3	월 천만 원 수익

일 WORK	
역할	책 쓰기
목표1	관련 책 5권 읽기
목표2	책 쓰기 세미나 참석
목표3	하루 한 쪽 쓰기

건강 BODY	
역할	단식
목표1	하루 한 끼 먹기
목표2	야식 안 하기
목표3	폭식 안 하기

건강 BODY	
역할	금연
목표1	금연학교 등록
목표2	금연 패치로 대체
목표3	전자 담배로 대치

예시 2 역할의 목표

8개의 역할과 역할들의 목표를 적습니다.

정신 SPIRIT	
역할	현역
목표1	산업 기사 자격증 취득
목표2	관련 유튜브 보기
목표3	장기근속

정신 SPIRIT	
역할	베풂
목표1	도시락 반찬 넉넉히
목표2	반찬 좋은 재료 사용
목표3	반찬 3가지 이상 유지

관계 RELATION	
역할	남편
목표1	쉬는 날 배달해 주기
목표2	교회 같이 가기
목표3	하루 3번 전화하기

관계 RELATION	
역할	보조원
목표1	인사 밝게 하기
목표2	커피 타주기
목표3	마감 정리 도와주기

일 WORK	
역할	주임
목표1	출근 30분 전 도착
목표2	당일 민원 처리
목표3	회피하는 민원 맡기

일 WORK	
역할	건강원
목표1	팸플릿 만들기
목표2	정기적 안내 문자
목표3	입간판 바꾸기

건강 BODY	
역할	소식가
목표1	1공기씩 먹기
목표2	간식 안 먹기
목표3	20번씩 씹기

건강 BODY	
역할	활동하기
목표1	걷기
목표2	무조건 계단 이용
목표3	대중교통 이용

역할의 목표

8개의 역할과 역할들의 목표를 적습니다.

정신 SPIRIT	
역할	
목표1	
목표2	
목표3	

정신 SPIRIT	
역할	
목표1	
목표2	
목표3	

관계 RELATION	
역할	
목표1	
목표2	
목표3	

관계 RELATION	
역할	
목표1	
목표2	
목표3	

일 WORK	
역할	
목표1	
목표2	
목표3	

일 WORK	
역할	
목표1	
목표2	
목표3	

건강 BODY	
역할	
목표1	
목표2	
목표3	

건강 BODY	
역할	
목표1	
목표2	
목표3	

10번 질문
예시 1 **1년을 위한 6가지 목표**

1. 작성한 8개의 역할과 목표에서 각각 이루고 싶은 베스트 1개씩을 선별합니다.
2. 선별된 목표 8개에서 6개를 선별하여 중요한 우선순위대로 작성합니다.

정신 SPIRIT	
역할	
목표1	

정신 SPIRIT	
역할	
목표1	

건강 BODY	
역할	
목표1	

건강 BODY	
역할	
목표1	

1년을 위한 6가지 주요 목표	
1순위	출퇴근 인사로 포옹
2순위	주 1회 부부 관계
3순위	주 2회 체육관 운동
4순위	주말 중 하루는 카페에서 시 쓰기
5순위	체지방 15% 만들기
6순위	주일 교회 가기

일 WORK	
역할	
목표1	

일 WORK	
역할	
목표1	

관계 RELATION	
역할	
목표1	

관계 RELATION	
역할	
목표1	

예시 2 1년을 위한 6가지 목표

1. 작성한 8개의 역할과 목표에서 각각 이루고 싶은 베스트 1개씩을 선별합니다.
2. 선별된 목표 8개에서 6개를 선별하여 중요한 우선순위대로 작성합니다.

정신 SPIRIT	
역할	
목표1	

정신 SPIRIT	
역할	
목표1	

건강 BODY	
역할	
목표1	

건강 BODY	
역할	
목표1	

1년을 위한 6가지 주요 목표	
1순위	주 3회 퇴근길 픽업하기
2순위	금연
3순위	1달에 한 번 등산
4순위	3달에 한 번 가족 캠핑
5순위	1년에 1번 커플 사진 찍기
6순위	축구 모임 활동

일 WORK	
역할	
목표1	

일 WORK	
역할	
목표1	

관계 RELATION	
역할	
목표1	

관계 RELATION	
역할	
목표1	

예시 3 1년을 위한 6가지 목표

1. 작성한 8개의 역할과 목표에서 각각 이루고 싶은 베스트 1개씩을 선별합니다.
2. 선별된 목표 8개에서 6개를 선별하여 중요한 우선순위대로 작성합니다.

정신 SPIRIT	
역할	
목표1	

정신 SPIRIT	
역할	
목표1	

건강 BODY	
역할	
목표1	

건강 BODY	
역할	
목표1	

1년을 위한 6가지 주요 목표	
1순위	부업 월 100만 원
2순위	주 1회 외식하기
3순위	주 1회 영화 보기
4순위	주 1회 와인 마시기
5순위	부업 관련 교육 참여
6순위	사진 찍어주기

일 WORK	
역할	
목표1	

일 WORK	
역할	
목표1	

관계 RELATION	
역할	
목표1	

관계 RELATION	
역할	
목표1	

1년을 위한 6가지 목표

1. 작성한 8개의 역할과 목표에서 각각 이루고 싶은 베스트 1개씩을 선별합니다.
2. 선별된 목표 8개에서 6개를 선별하여 중요한 우선순위대로 작성합니다.

정신 SPIRIT	
역할	
목표1	

정신 SPIRIT	
역할	
목표1	

건강 BODY	
역할	
목표1	

건강 BODY	
역할	
목표1	

1년을 위한 6가지 주요 목표	
1순위	
2순위	
3순위	
4순위	
5순위	
6순위	

일 WORK	
역할	
목표1	

일 WORK	
역할	
목표1	

관계 RELATION	
역할	
목표1	

관계 RELATION	
역할	
목표1	

11번 질문 📌
1장으로 정리 작성하기

지금까지 1번부터 10번까지 질문을 통해 작성해온 답변을 단 한 장으로 요약하고 정리하는 시간입니다.

예시 1 1장으로 정리 작성하기

2020. 3. 20.		이름: 김형민	
행복의 비결		**교훈/의도**	
1. 가장 좋은 목소리로 말함 2. 연락을 자주 함 3. 약속을 지킴		1. 직접적으로 말함 2. 둘이 있을 땐 집중 3. 마주 보고 대화	
새로운 패러다임		모든 것에는 좋은 의도가 있다	
주요 집중 역할		건강원 대표	
1년을 위한 6가지 목표			
1순위	매달 상품 안내 문자 보내기		
2순위	쉬는 날 배달해 주기		
3순위	산업 기사 자격증 취득		
4순위	무조건 계단 이용		
5순위	출근 30분 전 미리 도착		
6순위	마감 정리 도와주기		

예시 2 1장으로 정리 작성하기

2020. 2. 25.	이름: 김민선
행복의 비결	**교훈/의도**
1. 밝은 표정 짓기 2. 의식적 노력 3. 중요한 것을 먼저 하기	1. 지금에 집중 2. 모르면 모른다고 말함 3. 모임에선 상대 체면 세워주기
새로운 패러다임	각자의 생활 패턴은 다르다
주요 집중 역할	남편

1년을 위한 6가지 목표	
1순위	영상통화 3번 이상하기
2순위	밤 10시 이후 픽업해 주기
3순위	금연학교 수료
4순위	밤 9시 이후 금식
5순위	대중교통 이용
6순위	3개월 주기 1박 2일 단식원

1장으로 정리 작성하기

2021. . .	이름:
행복의 비결	교훈/의도
1. 2. 3.	1. 2. 3.
새로운 패러다임	
주요 집중 역할	

1년을 위한 6가지 목표	
1순위	
2순위	
3순위	
4순위	
5순위	
6순위	

작성한 커플 플랜의 관점

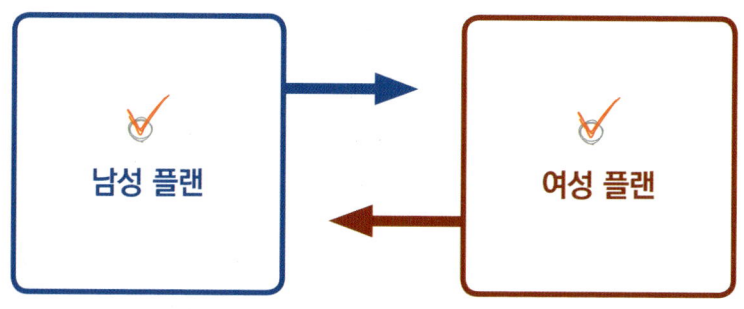

남성과 여성 각각의 플랜을 작성하였습니다.

각자의 플랜을 설명하고 대화를 나눌 것입니다.

각각 작성한 커플 플랜을 공유하기에 앞서 염두해야 할 것이 있습니다.

작성한 커플 플랜은 둘의 커플 플랜이 아닌 각자 자신의 플랜입니다.

우리는 사회를 살아가는 사회인일 뿐만 아니라 많은 인간관계를 맺고 있어서 수많은 역할과 책임, 의무 등을 맡고 있습니다. 각각의 개인으로서 상대방의 플랜을 지적하고 비판해서는 안 될 것입니다. 상대의 플랜을 존중하고 배려하며 자신의 플랜과 결부시키지 않습니다. 판단 없이 상대에 대한 플랜으로 봐주시기를 바랍니다.

작성한 커플 플랜 유의점

예전에 보았던 영화 〈비포 선셋〉에서의 한 장면이 16년이 지난 지금에도 기억 속에 자리 잡고 있습니다.
당시 잔잔한 충격을 받은 장면입니다.
〈비포 선라이즈〉의 후속편으로 9년 동안
엇갈린 남녀가 다시 만나게 됩니다.
여자 주인공은 남자 친구가 있었고,
남자 주인공은 아내와 자녀가 있습니다.
영화의 후반부 파리의 센강의 유람선을 타며
마지막을 향해 가고 있을 때
남자 주인공은 이런 이야기를 합니다.
'만약 우리가 그때 어긋나지 않았다면 지금과 같은 권태롭고 신경질적인 나날을 보내지 않고 있을 것'이라고 로맨스 영화답게 이제 둘의 사랑을 확인하는 장면이 나오나 했는데 여자 주인공이 분위기를 깨는 소리를 합니다.
"난 그렇게 생각하지 않아. 그때의 남녀의 감정이 지속됐다면 남녀가 만나 섹스만 해대려 하지. 지금과 같은 커리어와 경제적 능력 등을 갖추진 못했을 거야."

커플 플랜이 사랑받아 온 이유 중 하나는 커플 플랜이라고 해서 파트너에 대한 마음과 사랑을 1순위에 두라고 하지 않기 때문입니다. 일상을 함께하며 일생을 보낼 동반자로서 수없이 요동치는 감정과 역할, 환경 속에서 우선순위는 때가 되면 바뀌어야 합니다. 고인 물은 썩습니다. 사랑하는 파트너에게만 집중되어 있는 때가 있습니다.
너무나 행복하고 완벽한 완전함입니다.
그렇다고 해서 지나치게 지속된다면 나머지 역할과 사회성이 결여됩니다. 파트너는 항상 옆에 있으니 다른 역할에만 충실하다면 그것 또한 밸런스는 무너집니다. 커플 플랜은 인생의 동반자와 함께하기에 일희일비해서는 안 됩니다. 그렇다면 파트너는 경직되고 마음을 표현하는 것에 제한을 둘 것입니다.
커플 플랜은 매년 새롭게 작성하는 것을 추천해 드리기에 중, 장기적으로 보아야 합니다. 어쩌면 커플 플랜은 너무나 현실적인 프로그램이어서 다른 역할 속에서도 파트너를 염두에 두라고 합니다. 또한 파트너에게 집중되어 있으면서도 다른 역할을 염두에 두라고 상기시킵니다.

이제 각자 작성한 커플 플랜을 공유하며 자신의 역할과 환경, 감정과 이유 등을 나눌 것입니다. 충분한 대화로 자신을 말하고 상대에 대한 이해와 공감을 하기 바랍니다.
충분한 시간을 공유한 뒤 각자가 작성한 플랜을 기반으로 둘만의 플랜을 작성할 것입니다.
준비된 후 12번 질문을 시작합니다.

우리의 플랜 만들기

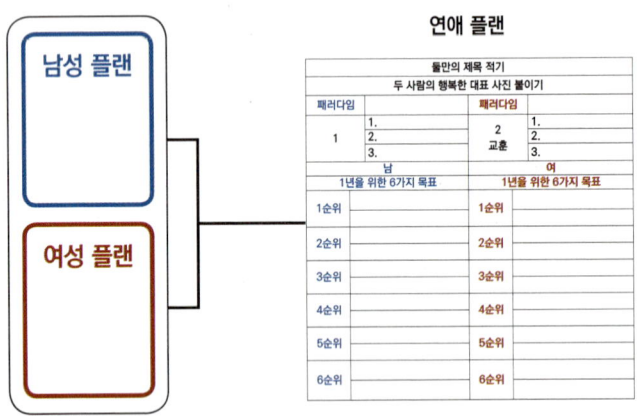

각자의 플랜을 작성하였습니다.

이제 우리의 플랜을 만들어야 합니다.

두 사람이 작성한 플랜의 자원을 가지고

우리의 플랜을 1장으로 만들 것입니다.

4가지의 질문을 통해 통합된

'우리의 플랜 만들기'를 자연스럽게 작성하실 수 있습니다.

둘만의 제목 만들기

커플 플랜

둘만의 제목 적기			
두 사람의 행복한 대표 사진 붙이기			
패러다임		패러다임	
1	1.	2 교훈	1.
	2.		2.
	3.		3.
남		여	
1년을 위한 6가지 목표		1년을 위한 6가지 목표	
1순위		1순위	
2순위		2순위	
3순위		3순위	
4순위		4순위	
5순위		5순위	
6순위		6순위	

함께 찍은 행복한 사진 1장을 선택하여 붙입니다.
두 사람의 플랜이며 둘만의 합의된 지정 기간 동안,
자주 볼 나침반 같은 플랜이니까요.
두 사람의 사진을 붙였다면 두 사람의 제목을 정해야 합니다.
두 사람의 의지와 방향성을 나타낼 슬로건과 같은 것입니다.
제목은 두 사람만의 제목으로 작성할 것이며
제목은 두 사람만의 방향성을 나타내야 합니다.

12번 질문 📌
두 사람만의 방향성(추구하는 가치)은 무엇입니까

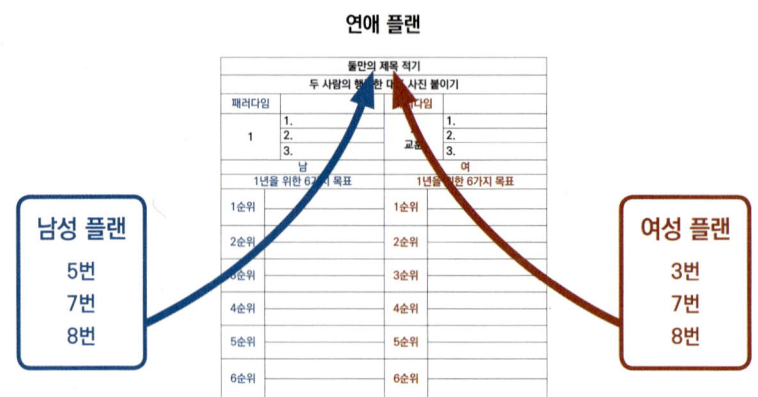

쉽고 간략한 문장이면 됩니다.
둘만의 플랜이기에 정해진 답은 없습니다.
즉흥적이고 재미있는 제목도 좋습니다.
또는 진지하고 깊은 제목을 적고 싶다면
각자 작성한 키워드에서 힌트를 얻을 수 있습니다.
5번 질문의 답(가치),
7번 질문의 답(주요 집중 역할),
8번 질문의 답(주요 집중 역할의 목표)에
들어갔던 키워드 중에서 선택하는 것이 힌트입니다.
남성의 키워드, 여성의 키워드에서 함축된 정의로 표현합니다.
두 사람의 공감하고 공유할 수 있는 제목을 정하여 작성합니다.

예시 커플 플랜

진실과 확신으로 함께하는 동반자	
두 사람의 행복한 대표 사진 붙이기	

패러다임		패러다임	
1 비결	1. 가장 좋은 목소리로 말함 2. 연락을 자주 함 3. 약속을 지킴	**2** 교훈	1. 직접적으로 말함 2. 둘이 있을 땐 집중 3. 마주 보고 대화

남		여	
1년을 위한 6가지 목표		1년을 위한 6가지 목표	
1순위		1순위	
2순위		2순위	
3순위		3순위	
4순위		4순위	
5순위		5순위	
6순위		6순위	

13번 질문 📌
행복의 비결, 교훈 통합하기

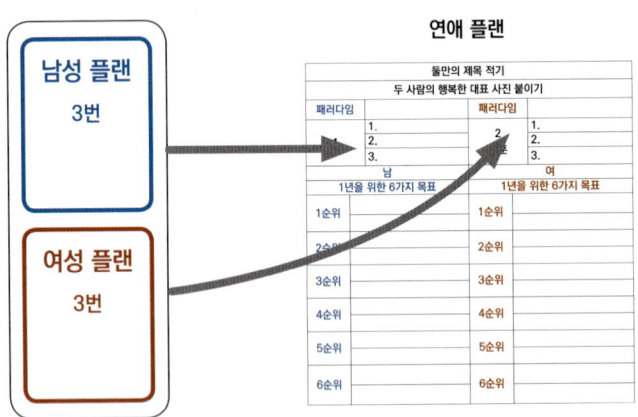

각자 작성했던 3번의 키워드
'비결'과 '교훈'을 후보에서 선택합니다.
각자 행복하고 좋았던 경험의 비결과 이유.
이미 작성된 남성 플랜에서 3가지,
여성 플랜에서 3가지 총 6가지에서 중요도 3가지를
선택하거나 비슷한 것을 묶어 통합하여 정해도 좋습니다.
그렇게 두 사람만의 비결을 통합해서 적었다면
총 6가지를 통합해서 똑같은 방법으로
두 사람만의 공유되고 합의된 문장을 적습니다.

예시 커플 플랜

진실과 확신으로 함께하는 동반자			
두 사람의 행복한 대표 사진 붙이기			
패러다임 1 비결	모든 것에는 좋은 의도가 있다	패러다임 2 교훈	각자의 생활 패턴은 다르다
	1. 가장 좋은 목소리로 말함		1. 모르면 모른다고 말함
	2. 밝은 표정 짓기		2. 둘이 있을 땐 집중
	3. 의식적 노력		3. 마주 보고 대화
남		여	
1년을 위한 6가지 목표		1년을 위한 6가지 목표	
1순위		1순위	
2순위		2순위	
3순위		3순위	
4순위		4순위	
5순위		5순위	
6순위		6순위	

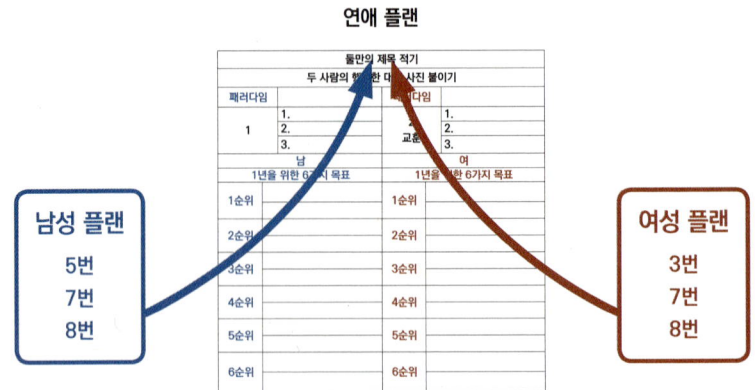

각자 작성했던 8번(1년을 위한 6가지 목표)을 각각 적습니다.

한 장으로 상대의 6가지의 목표와 역할, 의도까지 간결하게 알 수 있습니다. 충분히 대화를 통해 공유했고 공감을 한 내용이 간결하게 정리되었습니다. 그렇다면 이제 14번째 질문을 통해 '역할 천사 되어주기'를 작성합니다.

14번 질문의 유의점

둘만의 제목 적기					
두 사람의 행복한 대표 사진 붙이기					
패러다임			패러다임		
1 비결	1.		2 교훈	1.	
	2.			2.	
	3.			3.	
남			여		
1년을 위한 6가지 목표			1년을 위한 6가지 목표		
1순위	남성 1순위 목표		1순위	여성 1순위 목표	
	여성 도움 여부 및 실행 옵션			남성 도움 여부 및 실행 옵션	
2순위	남성 2순위 목표		2순위	여성 2순위 목표	
	여성 도움 여부 및 실행 옵션			남성 도움 여부 및 실행 옵션	
3순위	남성 3순위 목표		3순위	여성 3순위 목표	
	여성 도움 여부 및 실행 옵션			남성 도움 여부 및 실행 옵션	
4순위	남성 4순위 목표		4순위	여성 4순위 목표	
	여성 도움 여부 및 실행 옵션			남성 도움 여부 및 실행 옵션	
5순위	남성 5순위 목표		5순위	여성 5순위 목표	
	여성 도움 여부 및 실행 옵션			남성 도움 여부 및 실행 옵션	
6순위	남성 6순위 목표		6순위	여성 6순위 목표	
	여성 도움 여부 및 실행 옵션			남성 도움 여부 및 실행 옵션	

각자 작성했던 8번(1년을 위한 6가지 목표)에서
상대에게 배려해 주거나 도와줄 수 있는 부분들을 적습니다.
그러나 모든 부분에서 상대의 역할 천사가 되어야 하는 것은 아닙니다. 개인적 이유, 역할과 환경에 따라 해줄 수 없거나 하고 싶지 않다면 굳이 작성하지 않습니다.
그러므로 약속을 남발하는 일은 없도록 합니다.
해줄 수 있는 부분에서만 자의적인 역할 천사가 되어야 합니다.
또 하나 중요한 것은

플랜을 작성한 후에 자의적으로 도와주는 것은 괜찮지만
상대에게 새로운 것을 요구하거나 요청하는 것은 삼갑니다.
합의된 플랜의 본질을 흐려놓지 않길 바랍니다.
요청하고 싶다면 기간을 정한 합의가 끝난 후 요청하는 것을 추천합니다.

14번 질문

상대의 역할 천사가 되어줄 수 있는 것은 무엇인가요?

커플 플랜

둘만의 제목 적기				
두 사람의 행복한 대표 사진 붙이기				
패러다임 1 비결		1.	**패러다임 2 교훈**	1.
		2.		2.
		3.		3.
남				여
1년을 위한 6가지 목표				1년을 위한 6가지 목표
1순위	남성 1순위 목표			1순위	여성 1순위 목표
	여성 도움 여부 및 실행 옵션				남성 도움 여부 및 실행 옵션
2순위	남성 2순위 목표			2순위	여성 2순위 목표
	여성 도움 여부 및 실행 옵션				남성 도움 여부 및 실행 옵션
3순위	남성 3순위 목표			3순위	여성 3순위 목표
	여성 도움 여부 및 실행 옵션				남성 도움 여부 및 실행 옵션
4순위	남성 4순위 목표			4순위	여성 4순위 목표
	여성 도움 여부 및 실행 옵션				남성 도움 여부 및 실행 옵션
5순위	남성 5순위 목표			5순위	여성 5순위 목표
	여성 도움 여부 및 실행 옵션				남성 도움 여부 및 실행 옵션
6순위	남성 6순위 목표			6순위	여성 6순위 목표
	여성 도움 여부 및 실행 옵션				남성 도움 여부 및 실행 옵션

꼭 거창한 것이 아니라 작은 부분이라도 괜찮습니다.

운동하는 시간에는 데이트하자고 떼쓰지 않겠다든지

집안일(청소, 설거지, 빨래 등)을 봐준다든지

달리기 파트너가 되어 준다든지

주 1회는 부부 관계를 갖는다든지 등

격려, 지지, 응원, 협력 등을 정할 수 있습니다
어느 해에는 남성이 여성을 지원하는 해가 있는가 하면
또 어느 해에는 여성이 남성을 지원하기도 합니다.
역할과 우선순위는 계속해서 변화하기에
서로가 같은 방향으로 각자의 활동 그리고 두 사람만의 플랜을 작성합니다.

예시 1 커플 플랜

서로에게 멋진 배우자가 되자

패러다임	모든 것엔 좋은 의도가 있다	패러다임	해줄 건 잘 해주자
1 비결	1. 가장 좋은 목소리로 말함 2. 웃는 얼굴 3. 세세한 부분까지 관심	2 교훈	1. 노력하는 모습 2. 둘이 있을 땐 집중 3. 마주 보고 대화
남		여	
1년을 위한 6가지 목표		1년을 위한 6가지 목표	
1순위	매달 상품 안내 문자 보내기 문자 내용 초안 잡아주기	1순위	주 1회 피부 관리 매달 20만 원 지원
2순위	쉬는 날 배달해 주기	2순위	주 5일 에어로빅
3순위	산업 기사 자격증 취득 공부할 땐 방해 안 하기	3순위	저녁은 꼭 차려주기 저녁 8시 전 귀가
4순위	무조건 계단 이용	4순위	주 1회 친정집 반찬 갖다 주기 같이 방문
5순위	출근 30분 전 미리 도착 아침 7시 알람 및 깨워주기	5순위	하루 1곳은 청소
6순위	마감 정리 도와주기	6순위	강아지 산책 최소 주 1회 동참

예시 2 커플 플랜

진실과 확신으로 함께하는 동반자

패러다임	모든 것엔 좋은 의도가 있다	패러다임	원할 땐 해주기
1 비결	1. 고마움 표현 2. 초심유지 3. 계속해서 확인해 주기	2 교훈	1. 솔직한 표현 2. 주요 역할 충실 3. 당연한 것은 없다

남		여	
1년을 위한 6가지 목표		1년을 위한 6가지 목표	
1순위	영상 통화 3번 이상하기	1순위	임신 준비
	잘 받아주기		요구 사항은 최선을 다해준다
2순위	밤 10시 이후 픽업	2순위	건강 식단
	밤 10시 전으로 귀가		반찬 투정하지 않는다
3순위	금연학교 수료	3순위	적금 100만 원으로 올리기
	끝날 시간에 픽업		금연으로 15만 원 지원
4순위	밤 9시 이후 금식	4순위	쉬는 날 회사일 하지 않기
	함께 금식		커플 플랜 목표 각인시켜준다
5순위	대중교통 이용	5순위	주 2회 이상 시댁 안부 전화
	아침마다 응원해 준다		처가에 안부 전화한다
6순위	3개월 주기 1박 2일 단식원	6순위	함께 걷기
	1년에 1번은 같이 참여한다		동참해준다

커플 플랜 작성지

둘만의 제목 적기
두 사람의 행복한 대표 사진 붙이기

패러다임 1 비결	1. 2. 3.	패러다임 2 교훈	1. 2. 3.
남 1년을 위한 6가지 목표		여 1년을 위한 6가지 목표	
1순위		1순위	
2순위		2순위	
3순위		3순위	
4순위		4순위	
5순위		5순위	
6순위		6순위	

최고의 라이프를 위한 커플 플랜

혼자만 작성한 경우

파트너와 작성을 하지 못했거나 성격상 혼자만 작성하여 묵묵히 파트너에게 노력하려는 경우 질문 11번에서 마무리합니다.

하지만 기회가 된다면 꼭 파트너와 함께 14번의 질문까지 마무리하여 작성하기를 추천합니다.

관계는 상호 작용이기에 함께 작성하여 플랜을 지속할 때
상상 이상의 파워로 나타납니다.

그 파워로 감정, 관계가 초월되는 경험을 체험하길 바랍니다.

커플 플랜은 잘 보이는 곳에 부착

두 사람이 1년 동안 함께 추구할 커플 플랜을 작성하였습니다.

1년 동안 행복의 비결을 계속해서 사용하고 개선된 패러다임을 상기할 것입니다. 스스로 집중해야 할 목표와 역할

그 목표와 역할에 충실할 수 있게 파트너의 도움도 받으실 것입니다.

이 멋진 커플 플랜은 잘 상기시킬 수 있는 곳에 붙여두도록 합니다.

부부라면 잘 보이는 화장대, 거울 옆, 냉장고라던가
커플이라면 컴퓨터 메인 화면, 핸드폰 배경 화면 등을 활용하여 자주
상기시킬 수 있도록 합니다.

매년 업그레이드하는 커플 플랜

감정은 변하고 욕구는 채워지면 사라지듯
역할과 환경은 끊임없이 변화합니다.
특정한 시기를 정한 후 매년 업그레이드한다는 마음으로 커플 플랜을 작성하시기 바랍니다. 1년 사이 큰 변화가 일어나기도 하고, 작은 변화라 하더라도 더 섬세한 완벽한 플랜과 관계가 형성됩니다.

커플 플랜 작성지

둘만의 제목 적기
두 사람의 행복한 대표 사진 붙이기

패러다임			패러다임		
1 비결	1.		**2** 교훈	1.	
	2.			2.	
	3.			3.	
남			여		
1년을 위한 6가지 목표			1년을 위한 6가지 목표		
1순위			1순위		
2순위			2순위		
3순위			3순위		
4순위			4순위		
5순위			5순위		
6순위			6순위		

예시 커플 플랜

둘만의 제목 적기			
두 사람의 행복한 대표 사진 붙이기			

패러다임 1 비결		패러다임 2 교훈	
	1.		1.
	2.		2.
	3.		3.

남		여	
1년을 위한 6가지 목표		1년을 위한 6가지 목표	
1순위	남성 1순위 목표	1순위	여성 1순위 목표
	여성 도움 여부 및 실행옵션		남성 도움 여부 및 실행옵션
2순위	남성 2순위 목표	2순위	여성 2순위 목표
	여성 도움 여부 및 실행옵션		남성 도움 여부 및 실행옵션
3순위	남성 3순위 목표	3순위	여성 3순위 목표
	여성 도움 여부 및 실행옵션		남성 도움 여부 및 실행옵션
4순위	남성 4순위 목표	4순위	여성 4순위 목표
	여성 도움 여부 및 실행옵션		남성 도움 여부 및 실행옵션
5순위	남성 5순위 목표	5순위	여성 5순위 목표
	여성 도움 여부 및 실행옵션		남성 도움 여부 및 실행옵션
6순위	남성 6순위 목표	6순위	여성 6순위 목표
	여성 도움 여부 및 실행옵션		남성 도움 여부 및 실행옵션

커플 커뮤니케이션

커플 대화

커플 커뮤니케이션
COUPLE COMMUNICATION

COUPLE COMMUNICATION

목 차

▶ 연애 1년 미만 커플을 위한 러브 커뮤니케이션
▶ 연애 2년 미만 커플을 위한 러브 커뮤니케이션
▶ 예비부부를 위한 러브 커뮤니케이션
▶ 부부를 위한 러브 커뮤니케이션

커플 커뮤니케이션
COUPLE COMMUNICATION

방법 1
질문에 대답하고 이유를 말합니다.
단답형이나 '그냥'과 같은 대답을 피합니다.

커플 커뮤니케이션
COUPLE COMMUNICATION

방법 2

준비물: 메모지, 펜

1. 질문에 답을 적고 간단한 이유를 적습니다.
2. 적은 메모를 동시에 공개합니다.
3. 답변과 이유에 대한 자세한 내용을 이야기합니다.

추신

동시에 공개하는 이유는 상대방의 답변을 듣고 내용을 바꾸는 것을 방지하기 위함입니다.

연애 1년 미만 커플들을 위한
COUPLE COMMUNICATION

COUPLE COMMUNICATION

연애를 막 시작한 커플이나 사랑을 시작하려는
남녀들을 위한 커플 커뮤니케이션입니다.
상대에 대한 취향 파악, 관계, 연애에 대한 질문을 통해
자연스럽게 서로를 이해하고 공감할 수 있습니다.
20가지의 질문을 통해 폭넓은 주제와 깊은 대화를
나누는 연애 1년 미만 커플들을 위한 커뮤니케이션입니다.

1
COUPLE COMMUNICATION

요즘 가장 지르고 싶은 아이템은?

2
COUPLE COMMUNICATION

나에게 가장 행복을 주는 소비는?

3
COUPLE COMMUNICATION

맛집을 1시간 10분 기다려야 한다면?

4
COUPLE COMMUNICATION

첫눈에 반하는 사랑과 천천히 물들어가는 사랑 중
나의 취향은?

5
COUPLE COMMUNICATION

전화를 걸기 전에 가장 신경 쓰는 것은?

6
COUPLE COMMUNICATION

이성을 볼 때 가장 중요한 것은?

7
COUPLE COMMUNICATION

상대를 처음 보자마자 드는 생각은?

8
COUPLE COMMUNICATION

공감과 해결 중 애인에게 바라는 것은?

9
COUPLE COMMUNICATION

이상적인 데이트 빈도는?

10
COUPLE COMMUNICATION

기념일에 부득이한 일로 못 만난다는 연락을 받는다면?

11
COUPLE COMMUNICATION

받고 싶은 커플 이벤트는?

12
COUPLE COMMUNICATION

가장 싫어하는 이별 방법은?

13
COUPLE COMMUNICATION

노 메이크업이나 씻기 전
갑자기 집 앞이라고 연락 온다면?

14
COUPLE COMMUNICATION

내가 좋아하는 사람과 나를 좋아하는 사람 중
선택해야 한다면?

15
COUPLE COMMUNICATION

**애인과의 연락은
하루에 몇 번 해야 한다고 생각하나요?**

16
COUPLE COMMUNICATION

싸우고 나서
바로 푸는 것과 시간 갖기 중 내가 하는 것은 무엇인가요?

17
COUPLE COMMUNICATION

한적한 곳에서 이상형을 만난다면?

18
COUPLE COMMUNICATION

나와 가까운 친구가 되고 싶다면
상대방이 알아야 하는 것은 무엇인가요?

19
COUPLE COMMUNICATION

상대방에 대해 이미 좋아하게 된 것은?

20
COUPLE COMMUNICATION

만약 전 애인에게 연락이 와 만나자고 한다면?

연애 2년 미만 커플들을 위한
COUPLE COMMUNICATION

COUPLE COMMUNICATION

연애를 시작한 커플들을 위한 러브 커뮤니케이션입니다.
연애 시작 전 궁금했던 질문
지금의 연애를 위한 질문
앞으로의 연애를 위한 질문 등
더 깊은 관계가 될 수 있는 20가지의 질문을 통해
더욱 깊어지는 사이가 될 수 있는
연애 2년 미만 커플들을 위한 러브 커뮤니케이션입니다.

1
COUPLE COMMUNICATION

더 깊은 사이가 되기 위해 개선하고 싶은 것은?

2
COUPLE COMMUNICATION

연인과 1달간 여행을 떠난다면 가장 가고 싶은 나라는?

3
COUPLE COMMUNICATION

연인과 재방문하고 싶은 추억의 장소는?

4
COUPLE COMMUNICATION

좋아하는 척 억지로 먹는 음식이 있다면?

5
COUPLE COMMUNICATION

시작하는 연인이 조언을 구한다면
어떤 말을 해줄 건가요?

6
COUPLE COMMUNICATION

연인과 함께 배워보고 싶은 것은?

7
COUPLE COMMUNICATION

당신의 마음을 설레게 하는 것은 무엇인가요?

8
COUPLE COMMUNICATION

내가 반해버린 당신의 매력 5가지는?

9
COUPLE COMMUNICATION

상대가 습관적으로 하는 행동이나 말은?

10
COUPLE COMMUNICATION

예전보다 더 좋아하게 된 점은 무엇인가요?

11
COUPLE COMMUNICATION

상대에게 꼭 배워보고 싶은 것은?

12
COUPLE COMMUNICATION

내가 가장 좋아하는 당신의 외모 특징은?

13
COUPLE COMMUNICATION

내가 가장 좋아하는 당신의 성격은?

14
COUPLE COMMUNICATION

농담이라도 하지 말았으면 하는 것이 있다면?

15
COUPLE COMMUNICATION

나와 사귀기 전에 한 가장 야한 상상은 무엇이었나요?

16
COUPLE COMMUNICATION

나에게 빠지게 된 결정적 계기는?

17
COUPLE COMMUNICATION

나로 인해 웃음 짓게 하는 것은 무엇인가요?

18
COUPLE COMMUNICATION

함께하면서 즐거웠던 일들은 무엇인가요?

19
COUPLE COMMUNICATION

나와 함께하면서 달라진 것은?

20
COUPLE COMMUNICATION

핸드폰을 서로 공개하는 것에 관한 생각은?

예비부부를 위한
COUPLE COMMUNICATION

COUPLE COMMUNICATION

예비부부를 위한 커플 커뮤니케이션입니다.
선택적 시간의 감성적인 연애에서
일상을 함께하게 될 현실의 예비부부를 위함입니다.
함께 꾸밀 취향과 방향성
함께 해결해야 할 방법들
관계를 굳건히 할 약속과 신호 등
20가지 질문으로 구성된 예비부부를 위한
커플 커뮤니케이션입니다.

1
COUPLE COMMUNICATION

우리의 사랑은 어떤 색상이길 바라나요?

2
COUPLE COMMUNICATION

내가 생각하는 행복의 기준은?

3
COUPLE COMMUNICATION

당신에게 정말 잘 어울린다고 생각하는
색상, 옷, 스타일, 액세서리는?

4
COUPLE COMMUNICATION

함께 살게 될 공간에 꾸미고 싶은
분위기나 생각해둔 인테리어가 있다면?

5
COUPLE COMMUNICATION

함께하면서 보장받고 싶은 시간이 있다면?

6
COUPLE COMMUNICATION

싸웠을 때 미안함과 화해의 제스처를 만든다면?

7
COUPLE COMMUNICATION

나이 들어도 함께 하고 싶은 것은 무엇인가요?

8
COUPLE COMMUNICATION

함께 사는 집에 늘 있었으면 하는 것은 무엇인가요?

9
COUPLE COMMUNICATION

함께 해보고 싶은 취미 활동이 있다면 무엇인가요?

10
COUPLE COMMUNICATION

서로를 위해 이미 하고 있거나
해야 된다고 생각하는 것은 무엇인가요?

11
COUPLE COMMUNICATION

뜨거운 밤을 보내고 싶을 때 보내는 신호가 있다면?

12
COUPLE COMMUNICATION

'오늘 뜨거운 밤을 보내자'는 신호를 만든다면?

13
COUPLE COMMUNICATION

상대에게 해주었으면 하는 말이나 행동이 있다면?

14
COUPLE COMMUNICATION

상대에게 하지 말아야 하는 말이나 행동이 있다면?

15
COUPLE COMMUNICATION

상대에게 사랑받고 있다고 느껴지는 말이나 행동은?

16
COUPLE COMMUNICATION

예전부터 해보고 싶었던 성적 판타지는?

17
COUPLE COMMUNICATION

내가 고쳤으면 하는 1가지는?

18
COUPLE COMMUNICATION

다투었을 때 풀고 싶은 방식이 있다면?

19
COUPLE COMMUNICATION

문제 해결에 대한 서로의 의견이 다를 때 해결 방법은?

20
COUPLE COMMUNICATION

당신을 만나고 확실히 좋아진 나의 라이프 스타일은?

부부를 위한
COUPLE COMMUNICATION

COUPLE COMMUNICATION

부부를 위한 커플 커뮤니케이션입니다.
계속해서 사랑을 유지하고 더 발전시키거나
다시 사랑을 불태우면서
함께한 일상에 의미를 되새겨 볼 수 있습니다
20가지 질문으로 구성된 부부들을 위한
커플 커뮤니케이션입니다.

1
COUPLE COMMUNICATION

나와 당신의 공통점 3가지는?

2
COUPLE COMMUNICATION

함께 보낸 가장 소중한 추억 중 하나는?

3
COUPLE COMMUNICATION

우리의 사랑을 로맨틱하게 만들어 주는 음악은?

4
COUPLE COMMUNICATION

상대가 가장 좋아하는 애무는 무엇인가요?
(상대에게 확인하기)

5
COUPLE COMMUNICATION

우리의 '부부 관계'는 어떤 색이길 바라나요?

6
COUPLE COMMUNICATION

우리가 함께해본 독특한 것은?

7
COUPLE COMMUNICATION

상대에게 가장 감사하게 생각하는 것은?

8
COUPLE COMMUNICATION

상대에게 가장 잘한 일은?

9
COUPLE COMMUNICATION

상대에 대한 나만의 소중한 기억이 있다면?

10
COUPLE COMMUNICATION

함께하면서 가장 즐거웠던 일은 무엇인가요?

11
COUPLE COMMUNICATION

10년 후 원하는 우리의 모습은?

12
COUPLE COMMUNICATION

둘 다 좋아하는 장소는?

13
COUPLE COMMUNICATION

둘이 같아서 좋은 점은?

14
COUPLE COMMUNICATION

둘이 달라서 좋은 점은?

15
COUPLE COMMUNICATION

상대의 단점 3가지는?

16
COUPLE COMMUNICATION

상대의 단점 3가지를 장점으로 표현해본다면?

17
COUPLE COMMUNICATION

당신을 한마디로 표현한다면?

18
COUPLE COMMUNICATION

당신을 색상으로 표현한다면?

19
COUPLE COMMUNICATION

당신을 요리로 표현한다면?

20
COUPLE COMMUNICATION

당신을 음악으로 표현한다면?

커플 매직

사랑의 연금술

사랑의 매직, 사랑의 감정 마술사

재밌게도 내가 내 마음을 제어하기란 쉽지 않습니다.
설레거나 쑥스러워 제대로 말을 할 수 없다거나
용기조차 내지 못합니다.

또는 마음과는 달리 상대에 대한 마음이 식어갑니다.
마음을 다하여 애쓰고 의지를 갖는데도 예전 같지 않습니다.

그런데 말입니다.
나의 감정을 계속해서 최상으로 끌어올리고 유지하는 일,
매일매일 처음 만날 때처럼 설렐 수 있는 일,
서로가 너무나 익숙해서 충만함이 가득한 감정으로 바꾸는 일,
매일 밤 부부 관계가 오르가슴을 느끼는 환상적인 밤이 될 수 있는 일이 가능하다면 어떨까요?
원하는 좋은 감정을 불러일으켜, 증폭시키고, 의도대로 다룰 수 있다면 어떨까요?
무엇을 원하든 개인이 갖고 싶고 느끼고 싶은 감정을 불러일으키는 그런 사랑의 마술사가 되어드리게 해드린다면 기꺼이 용의가 있으신가요?
5분의 시간이면 증명할 수 있고, 방법을 터득하게 된다면요?
30초 이내에도 가능하다면 믿을 수 있으신가요?
개인적으로 13년 동안 단 한 번의 실패 경험조차 없었습니다.
불가능한 일이라고요? 그럴 리가 없다고요?

40년이나 된 심리 기법으로 트라우마나 우울한 감정을 벗어나는 증명된 치료 기법으로 사용되어 왔습니다.
공개 수업에 자주 선보이는 기법이기도 하고 이 기법을 가르치고 프랙티셔너(기법을 할 수 있는 교육 이수자)로 양성하는 일을 하고 있습니다.
물론 수많은 사람이 놀라운 변화의 경험을 했습니다.
얼마나 간단한지 몇 분 만에 증명할 수 있는 기법입니다.

의식적인 노력으로
지금 알려 드릴 마술과 같은 기법으로
좋은 만남, 좋은 결실을 이루기를 바랍니다.
개인의 정신력 그리고 둘의 관계의 정신력에도 좋아집니다.
사랑의 마술사가 되기 위한 과정을 시작해볼까요?

정보 처리 시스템

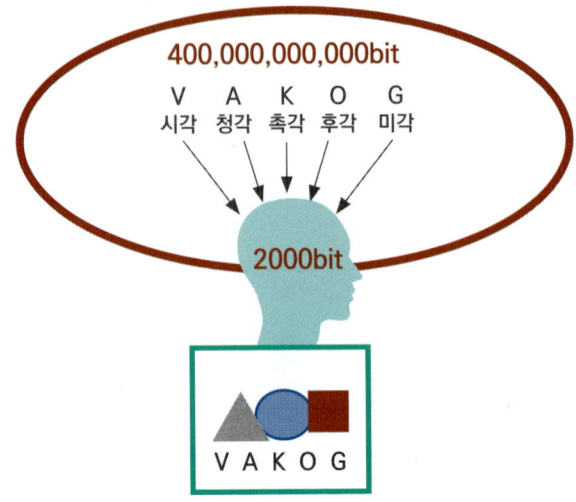

사랑의 감정을 컨트롤할 수 있는 마술사가 되기 위해서는 기본적인 생리학, 무의식의 주요 원리, 심리 기법 등이 필요합니다만 걱정할 필요는 없습니다.
필요 내용을 선택하여 쉽고 간단하게 알려 드리겠습니다.

인간은 어떤 정보만을 받아들일 수 있을까요?
바로 오감이라는 시각, 청각, 촉각, 후각, 미각 5가지 감각입니다. 인간이 할 수 없거나 100년이 걸리는 일을 단숨에 처리하는 컴퓨터는 '0'과 '1'밖에는 인식을 하지 못합니다.
'천 길 물속은 알아도 한 길 사람 속은 모른다'는 우리도 오감이라는 5가지 정보밖에는 인식할 수 없습니다.

우리는 생리학적 특성상 실제 정보량 4천억 bit에서 실제 2천 bit 일부의 정보만을 받아들일 수 있습니다. 정보를 받아들일 수 있는 용량이 작기 때문에 압축해서 저장하는데, 압축 방식이자 저장 방식이 바로 '심벌'입니다.

그레고리 베이트슨(Gregory Bateson), 마셜 매클루언(Marshall Mcluhan)이 고안한 개념으로 리처드 밴들러(Richard Bandler)가 정립하여 알린 표현으로는 '정신적 표상'이라 하지만 쉬운 표현으로 상징, 심벌, 이미지라 부르겠습니다. 즉, 정보, 생각, 기억, 감정 등은 모두 심벌화되어 있습니다.

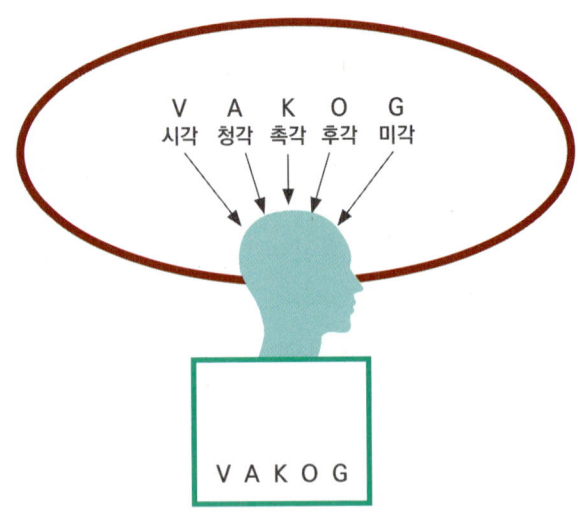

인간은

오감의 정보(시각, 청각, 촉각, 후각, 미각)를 받아들이기에

오감의 프로그램을 가지고 있어, 오감으로 표현되는데

오감의 감각 중 발달되어 있거나 선호하는 감각의 비중이 높게 나타날 경우

표현 또한 관련된 감각의 언어들을 많이 사용하게 됩니다.

다양한 오감의 언어에서 시각적 언어의 비중이 높다면 시각적 언어를 많이 사용할 것입니다.

다양한 오감의 언어에서 청각적 언어의 비중이 높다면 청각적 언어를 많이 사용할 것입니다.

다양한 오감의 언어에서 촉각적 언어의 비중이 높다면 촉각적 언어를 많이 사용할 것입니다.

오감의 정보를 받기에 오감의 감각을 다 가지고 있지만 유독 퍼센트(%)가 높은 감각이 있는데 이것을 심리학에서는 '선호 감각'이라 합니다.

선호하는 감각은 그 사람의 외모, 제스처, 사용하는 어구만 봐도 쉽게 유추할 수 있을 정도입니다. 당사자는 가장 선호하는 감각을 충족하려 하고 사용하며 상담자는 상대의 감각에
맞는 어구로 대화하여 라포르를 쌓기도 합니다.
(선호 감각을 알고 싶다면 커플 차트 'G'란을 참조합니다)

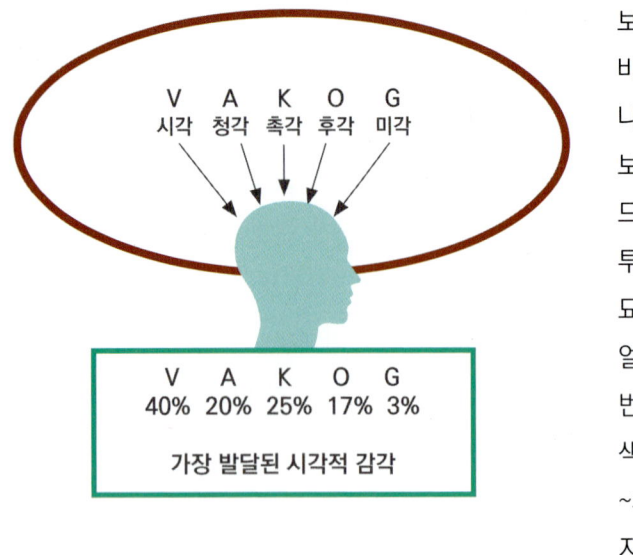

보다
바라보다
나타나다
보여주다
드러나다
투명한
묘사하다
얼핏 보다
번뜩 보이다
색깔이 다르다
~처럼 보인다
지켜보다
내가 보기에
얼핏 보니까
눈에 잘 띄는

시각적인 사람들은 그림이나 이미지를 통해 사물이나 사건을 기억합니다.
말로 하는 긴 설명은 지루해하고 집중하기 어려워합니다.
어떻게 보이는가에 따라 흥미도가 달라지고
어떻게 보이는지에 대한 관심이 많으며 중요해 합니다.

듣다
경청하다
소리를 내다
귀 기울이다
집중하다
들리다
울려 퍼지다
감미로운
귀 기울이는
말하자면
들어보지 못한
말 그대로
화음이 좋다
박식한
들리는 곳에
언어 능력

청각적인 사람들은 눈동자를 양옆으로 움직이는 경우가 많습니다. 측두엽에 있는 시각적 감각을 활용하기 때문입니다.
소음에 쉽게 영향을 받으며 음악과 전화 통화를 좋아하고
목소리 톤과 단어 선택을 중요하게 생각합니다.
청각형은 자신이 어떻게 하고 있는지 듣고 싶어 합니다.

느끼다
만지다
움켜쥐다
접촉하다
무감각한
단단한
들러붙다
힘쓰다
골치 아픈
뒤죽박죽
내던지다
차가운
감지하다
자극하다
둔감하다

신체적 보상과 접촉에 예민합니다.
실제로 해보거나 직감이나 느낌이 좋은 일에 흥미를 느낍니다.
시각형에 비해 가까이 서 있는 경향이 있는데 이유는
촉각형의 감각 때문에 느끼거나 접촉하려는 무의식적 반응 때문입니다. 촉각형은 느낌에 대한 관심이 많고 중요해 합니다.

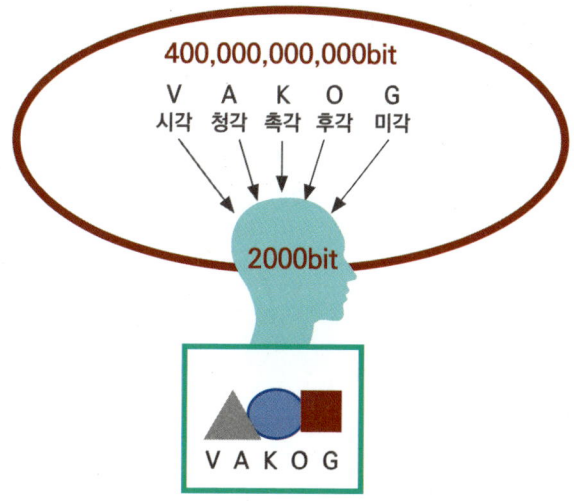

정리하면 이렇습니다.

첫 번째, 무의식은 2천만 분의 1밖에 정보를 담을 수 없기에 압축하는 방식으로 '심벌화'한다.

두 번째, 오감의 정보를 받아들이기에 오감의 프로그램이 있고 오감으로 표현한다.

이 2가지의 원리를 합치면 이렇게 됩니다.

실제 정보량 4천억 bit는 오감으로 받아들이는 것이고, 실제 2천 bit는 심벌로 저장하는데 심벌은 오감의 세세한 정보들로 되어 있습니다.

서울시를 세분화하면 강남구, 종로구, 용산구와 같이 지역구가 있고 지역구를 세분화하면 각각의 동이 있습니다.

감각을 서울시라 비유한다면 하위의 요소는 강남구, 종로구와 같이 세분화할 수 있는데 이것을 심리학 용어로는 '하위 감각 요소'라고 합니다. 말 그대로 하위에 있는 감각들의 요소입니다.

하위 감각 요소

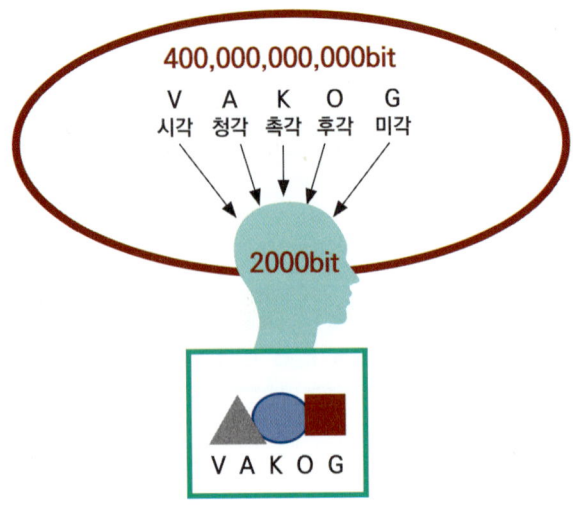

시각적 감각의 세세한 요소들	청각적 감각의 세세한 요소들	촉각적 감각의 세세한 요소들
밝기	소리의 크기	온도
크기	리듬	감촉
컬러, 흑백	속도	진동
색감의 선명도	음색	압력
모양	음의 특성	움직임
위치	위치	지속 시간
움직임	거리감	지속성, 중단
입체감, 평평함	단어	강도
전망, 관점	울림	위치
개입, 관조	외면 혹은 내면	빈도, 속도

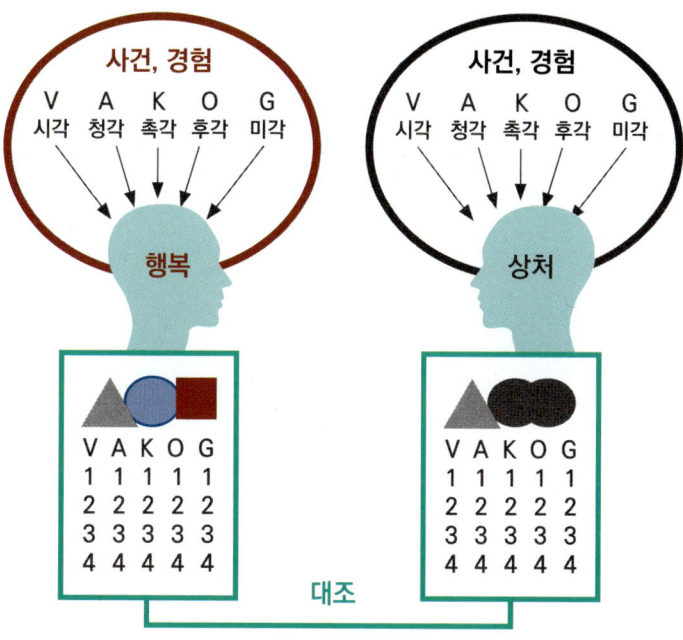

예전엔 좋은 사람을 만나 데이트를 하면서 행복한 감정에 빠져있었지만 지금은 헤어짐으로 인한 상처의 감정이 있다고 가정해 보겠습니다. 행복했던 때를 떠올리면 행복했던 심벌을 발견하게 됩니다.
같은 방법으로 상처받았던 감정을 갖게 되면 하나의 심벌을 알게 됩니다. 행복과 상처의 심벌을 대조하면서 다른 점을 찾습니다. 모양을 대조하고 색상을 대조하고 감각의 하위 부분들을 대조하면서 무엇이 같고, 틀리는지를 확인합니다.

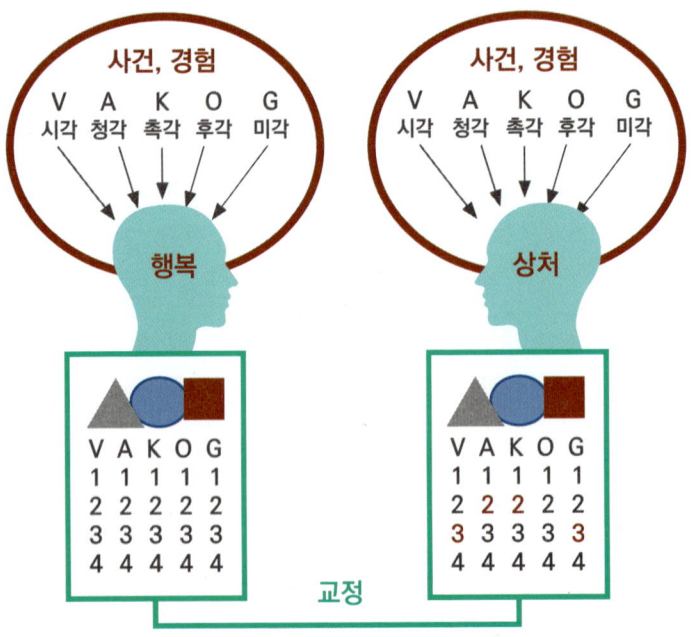

행복의 이미지와 상처의 이미지를 대조 분석하면서
행복과 같은 퍼즐로 교정합니다.
모양을 맞추고, 색상을 맞추고 하위 감각의 세세한 요소들을 맞춥니다.

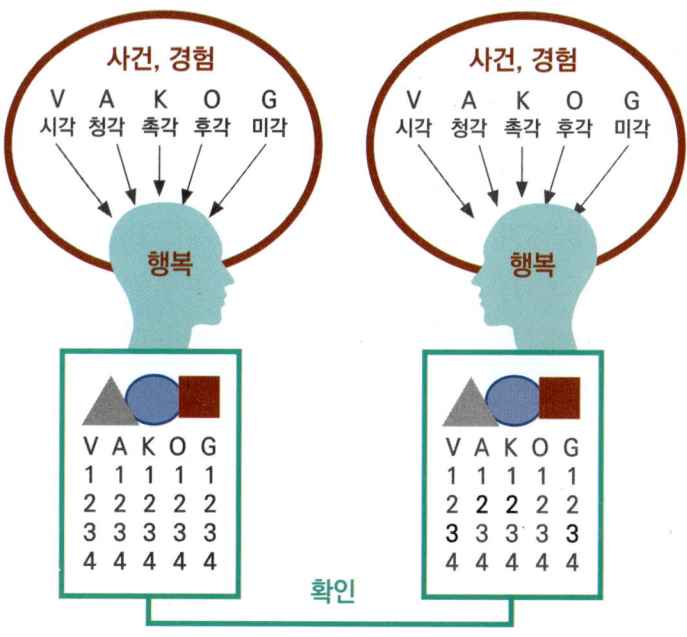

상처로 기억하는 프로그램의 감각을 조정하여 행복의 프로그램으로 바꾸게 되면 상처를 떠올려도 행복의 감정을 느끼게 됩니다. 행복과 상처의 감정이 뒤섞여 부정적 감정이 중화되거나 사라져 버리는 것입니다. 공개 시범으로 자주 보이는 기법인데 실제 시간은 5분 이내로 간단합니다.

경험하신 분들은 '내 최고의 행복이 몇 분 만에 허무하게 바뀌어 버렸다'거나 '짜증 나는 생각을 했는데 왜 이렇게 웃음이 나나요?'라며 숨넘어가듯 깔깔 웃기도 합니다. 무의식적 감각을 의식적으로 활용하면 이렇게 간단하게 감정의 상태를 바꿀 수 있습니다.

무의식의 원리
몸과 마음은 유기적으로 연결되어 있다

무의식의 원리는 큰 개념으로 23가지가 있습니다.
이 원리를 상담, 심리 기법, 최면 등에 활용하여 감정을 획기적으로 바꾸어 버리기도 합니다. 지금 배울 감정에 대한 마술을 설명하는 것에 앞서 2개의 원리가 필요합니다. 그중 '무의식은 상징적이다'에 이어 '몸과 마음은 유기적으로 연결되어 있다'입니다.
결과는 결과의 원인이 있기 마련입니다. 우리가 표현하는 방법이 결과라면 원인인 표현의 감각이 있기 때문입니다.
원인과 결과 또는, 결과와 원인으로 연결되어 있듯 몸과 마음은 유기적으로 연결되어 있습니다.
부끄러운 감정이 들면 얼굴에 홍조나 표정으로 나타나고 흥분, 분노, 설렘, 창피함도 마찬가지입니다.
분노가 일어났을 때 침을 채취하여 쥐에게 투약하면 몇 시간 내로 쥐가 죽는다는 실험 결과가 있습니다.
화와 분노를 숨긴다고 하더라도 보이지 않는 침의 성분은 독극물과 같다고 합니다.
마음에 따라 몸으로 나타나고 반대로 몸의 변화는 마음의 변화로 이어집니다. 지금껏 보이지 않는 무의식적 감각을 의식적으로 나타내어 활용했듯 감각을 이용하여 놀라운 마술을 선보일 것입니다. 물론 아주 쉬운 것을 선택했고 쉽고 간단하게 할 수 있는 것을 알려 드릴 것입니다.
프로그램에 참여하여 방법을 마스터하거나 커플 차트 디브리퍼의 도움을 받는 것을 추천합니다만, 혼자라도 할 수 있을 만큼 쉽게 안내할 것입니다.

감각 인지하기
1번째 방법

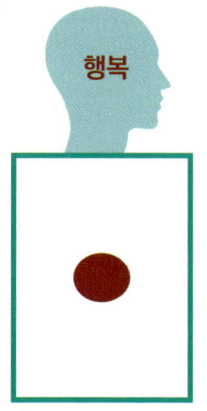

첫 번째로 감각 인지하기입니다.
몸과 마음은 연결되어 있기에 마음의 상태가 몸에 어느 부분과 연결되어 있는지를 알아차리는 것입니다.
인식하지 못했던 부분을 의식적으로 나타내어 인지합니다.
개인적으로 강렬한 주관적 감정일 경우 더 쉽게 인지할 수 있습니다.

1.
가장 행복했던 사건, 장면을 떠올려 봅니다.
그때의 무엇이 보이는지, 무엇이 들리는지, 무엇이 느껴지는지를 떠올리며 행복을 생각하고 강한 감정을 느껴봅니다.

2.
마치 모든 것을 감지하는 X선 촬영기가 있다고 상상하여 감각적 민감성을 발휘해 머리에서 발끝까지 스캔, 감지해봅니다.
머리에서 발끝까지 가장 강한 에너지가 느껴지는 감각을 느껴봅니다.

감정은 머물러 있기도 하고 변화하며 움직이기도 합니다.
경우에 따라 단번에 알아차리기도 하고 움직임을 감지하기도 합니다.
크고 작은 에너지를 몇 군데서 느낀다면 가장 강한 감각을 선택합니다.

감각 움직임 알기

가장 강한 감각을 인지했다면
감각의 인지율을 높여 감각의 세부 사항을 인지합니다.

마음 상태의 시각, 청각, 촉각과
마음으로 인해 연결된 몸 감각의 시각, 청각, 촉각
을 표면적으로 나타낼 것입니다.

몸의 반응인 감각의 요소입니다.
시각적 요소: 색상
청각적 요소: 소리
촉각적 요소: 방향

3가지의 감각을 인지했다면
시각적 요소를 강조하여 감정이 달라짐을 확인할 수 있습니다.
청각적 요소를 조절하여 반응하는 감정을 확인할 수 있습니다.
촉각적 요소를 확장하여 변화하는 감정을 느껴볼 수 있습니다.

진행을 하다 보면 보편적으로 시각적 요소와 청각적 요소는 잘 찾는 반면, 촉각적 요소에서 상대적으로 질문을 많이 받습니다.
감정은 에너지여서 변화하고 움직이기에 가만히 느끼다 보면
감각의 움직임을 알 수 있습니다. 좌로 회전하거나 우로 회전하기도 하며 위나 아래 방향으로 회전합니다. 개인의 감정이기에 빨리 회전하기도 하고 천천히 회전하기도 합니다.

예시 1 감각 움직임 알기

가장 행복한 사건: 내 고백을 받아줬을 때의 장면

마음의 감각
관련된 장면을 떠올리면 떠오르는 이미지
시각적 장면: 감동의 표정과 눈빛
청각적 소리: 떨리는 목소리
촉각적 느낌: 충만한 느낌

몸의 감각
감각적 민감성을 발휘하여 몸의 감각을 스캔
시각적 요소: 주황색
청각적 요소: '우웅웅' 발전기 돌아가는 소리
촉각적 요소: 배꼽 위 우측의 회오리

예시 2 감각 움직임 알기

가장 설렜던 사건: 첫눈에 반했을 때

마음의 감각
관련된 장면을 떠올리면 떠오르는 이미지
시각적 장면: 인파 속에서 빛나던 모습
청각적 소리: 무음인 거처럼 조용한 진공 상태
촉각적 느낌: 무언가 폭발하는 느낌

몸의 감각
감각적 민감성을 발휘하여 몸의 감각을 스캔
시각적 요소: 초록색
청각적 요소: '펑펑펑'
촉각적 요소: 심장 부근 아래에서 위로 회전

예시 3 감각 움직임 알기

가장 짜릿한 사건: 데려다준 집 앞에서의 키스

마음의 감각
관련된 장면을 떠올리면 떠오르는 이미지
시각적 장면: 주황색 조명의 1층 로비
청각적 소리: 호흡 소리, 침 넘어가는 소리
촉각적 느낌: 온몸이 떨림

몸의 감각
감각적 민감성을 발휘하여 몸의 감각을 스캔
시각적 요소: 빨간색
청각적 요소: '지직, 지지직'
촉각적 요소: 가슴에서 복부까지 요동치는 회전

2번째 방법

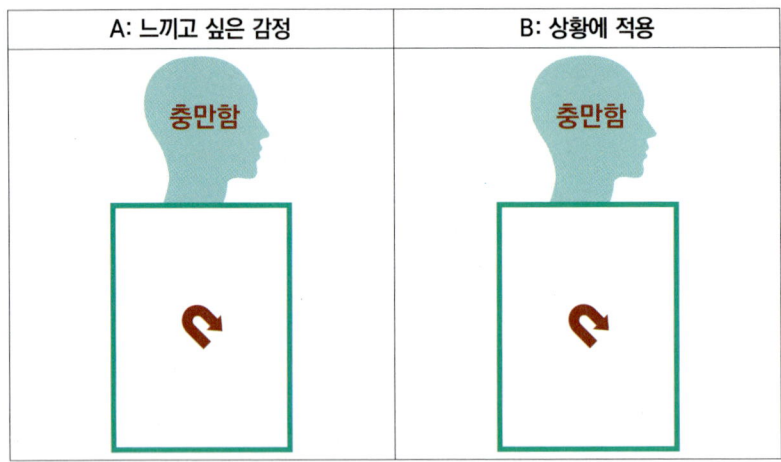

감정의 매직, 핵심 포인트는 강렬한 주관적 몰입입니다.
강렬한 감정이 극단으로 치달을 때 몸의 에너지를 인지하면서
똑같은 패턴으로 작동시킬 경우 강렬한 감정의 원인으로 결과가 일어
납니다. 이론과 옳고 그름이 중요한 것이 아닙니다.
실제로 효과가 바로 증명되는 것이 더 중요합니다.
강렬한 감정이 일어나지 않는다면 똑같은 강도이기에 효과는 미미할
것입니다.
두 번째 방법을 알려드리는 것은 상대에게 느꼈던 감정이 아닌
상대에게서 느끼고 싶은 감정이거나, 오래된 감정이라 강렬한 주관적
몰입이 잘 이루어지지 않을 경우 사용됩니다. 'A: 느끼고 싶은 감정'이
주관적 몰입의 절정에 있을 때 그 감정을 스캔하여 방향과 색상을 알
아 둡니다. 적용하고 싶은 대상이나 환경에서 'B: 상황에 적용'을 적용
합니다.

커플 매직의 조건

커플 매직은 전제되어야 할 조건이 있습니다.
커플 매직은 상대에 대한 마음과 노력을 하는데도 마음과 감정이 나타나지 않을 경우 사용되고 발휘돼야 합니다.
의식적인 노력 없이 혼자 내적으로 감정의 상태만 바꾼다고 다 해결되는 것은 아닙니다. 혼자의 노력도 중요하지만 관계는 상호 작용이기 때문입니다.
커플 매직을 가장 마지막인 6부에 배치한 이유이기도 합니다.
그전에 커플 디브리퍼에게 '커플 차트'를 비롯해 도움을 받거나 책에 나와 있는 내용대로 '커플 파일', '커플 플랜', '커플 카드' 등을 실행해 보면서 충분한 대화와 노력이 우선되어야 합니다.
이런 프로그램을 통해서 스스로 내가 무엇을 원하고, 상대가 무엇을 원하는지를 알게 됩니다.
내가 원하는 부분을 상대가 해주는 노력을 보고 느끼고 상대가 원하는 부분을 해주는 노력과 느끼는 감정 속에서 성숙하고 단단한 제2의 사랑으로 발전하게 됩니다.
이런 성숙된 사랑 속에 덧붙여지길 바랍니다.

연인이나 부부 사이에서 원하는 부분을 상담하다 보면 너무나 사소한 부분으로 인한 갈등이라 놀랍기도 하며 안타깝다는 생각마저 들게 됩니다. 습관적 말투(으이구, 쯥 등 끝 음을 내려 지시하는 듯한 억양 등), 옷차림, 청결, 이성으로 보지 않는 듯한 태도 등으로 갈등이 유발됩니다. 잘해줘야 한다는 생각만으로는 부족합니다. 생각이 행동으로 드러나면서 러브 매직의 시너지를 얻어야 합니다. 참고로 노력은 '커플 파일', '커플 플랜', '커플 카드' 등을 통해서 어떤 노력을 해야 하는지 충분히 알 수 있을 것입니다.

커플을 위한 매직

달콤한 연인들이라 할지라도 환경, 성향, 신체적 요인 등으로 예전 같지 않은 감정을 느낍니다. 우리가 알고 있는 사랑의 호르몬이라 불리는 몇 가지의 호르몬이 있습니다.

사랑의 호르몬은 우리를 설레게 하고 기쁘게 하고 건강하게 하고 흥분하게도 하지만 과유불급으로 계속해서 처음과 같은 양의 호르몬이 유지된다면 건강의 치명상을 입을 수 있습니다.

물론 치명상을 입지 않습니다.

우리 몸은 항상성 즉, 자신을 보호하기 위해 사랑의 호르몬을 현저하게 감소시키거나 분비를 막기 때문입니다.

호르몬의 영향을 받는 우리는 의도하지 않게 상대에 대한 마음이 예전 같지 않거나 마음이 같지 않음을 느낍니다.

상대는 날 좋아해주고 설레하고 잘해주는데 이상하게 마음이 가지 않거나 잘해주겠다고 연인의 마음을 돌렸지만 다시 무심한 예전으로 돌아가는 등이 있습니다.

이럴 땐 커플들을 위한 매직이 필요합니다.

1. 연애 초기의 좋았던 감정

커플 매직의 핵심은 강렬한 주관적 몰입이라고 했습니다.
꼭 고상하게 상대에 대한 배려, 따뜻함 같은 감정이 아니어도 괜찮습니다. 실제 상담에서 캘리브레이션(상대에 대한 민감한 관찰력)으로 인지하여 말하지 않게 하고 진행하는 경우도 많습니다.
파트너와 같이 진행할 경우 부끄러워한다거나
개인의 주관적 감정을 말하기를 꺼린다거나
개인만의 해석을 간직하고 싶어 하기도 합니다.
중요한 것은 개인이 느끼는 강렬한 감정이기에 꼭 밖으로 표현할 필요가 없습니다. 그리고 꼭 사실일 필요도 없습니다.
어차피 개인의 기억은 왜곡되어 있기 때문입니다.

연애 초기의 좋았던 감정을
마음속으로 찾아 베스트를 선택합니다.
첫눈에 반한 그때의 감정이나
특정한 행동이나 말
특정한 모습이나 환경
수많은 인파 속에서도 단번에 내 사람이라는 직관적 느낌
친구로만 알았던 상대에 대한 마음이 연인의 감정으로 바뀐 그 찰나의 감정 등
자신이 느꼈던 그 특별한 감정이 절정에 있을 때

- 머리에서 발끝까지 스캔하며 가장 강한 에너지를 느껴봅니다.
- 그 에너지를 느껴보면 그 에너지의 회전 방향과 색상이 있음을 발견하게 됩니다.
- 회전 방향과 색상을 더 강하게 하고 더 진하게 하여 느끼는 감정과 연관되어 있는지 확인합니다.
- 주관적 몰입을 벗어난 후 의식적으로 똑같은 부위의 에너지, 방향, 색상을 작동시켜 그 감정이 일어나는지 확인합니다.
- 상대를 만나기 직전, 또는 상대를 만났을 때 등 필요하다고 느낄 때마다 의식적으로 작동시키면서 상대와 함께하도록 합니다.

연애 초기의 좋았던 감정

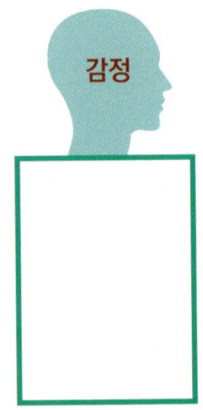

연애 초기의 좋았던 감정:

마음의 감각
관련된 장면을 떠올리면 떠오르는 이미지
시각적 장면:
청각적 소리:
촉각적 느낌:

몸의 감각
감각적 민감성을 발휘하여 몸의 감각을 스캔
시각적 요소:
청각적 요소:
촉각적 요소:

2. 강렬한 촉각적 자극

커플 매직의 핵심이라 했던 '강렬한 주관적 감정'적 몰입과
지금의 '강렬한 촉각적 감정'은 차이가 있습니다.
기본적인 전제로 강렬한 감정을 느껴야 하는 것은 맞습니다.
'커플을 위한 매직'에서 했던 '연애 초기의 좋았던 감정'이 정신적이었던 것이라면 이번에는 스킨십에 관련된 육체적인 강렬한 감정입니다.
사랑은 정신적인 것만도 아니며, 육체적인 것만도 아닙니다.
정신적인 사랑이 더 중요하다거나 육체적인 사랑이 더 중요한 것도 아닙니다. 정신적 사랑도 중요하며 육체적 사랑도 중요합니다. 중요한 것은 균형과 조화입니다.

그럴듯한 감정과 이론으로 개인의 감정을 제한하면 안 되기에
제한 없이 개인의 주관적 감정에 빠져들면 됩니다.
정답이란 없습니다. 개인의 해답만이 존재할 뿐입니다.
자신이 느꼈던 가장 좋은 감정을 찾으면 됩니다.
길을 걷다 손이 스쳤던 짜릿한 느낌이나
손을 잡았을 때
처음 포옹했을 때
집 앞, 차 안에서의 키스
여행 갔을 때의 뜨거운 밤을 보냈던 때 등
그 무엇을 찾으면 됩니다.
아주 쉽게 찾을 수 있습니다. 그렇지요?

자신이 느꼈던 그 특별한 감정이 절정에 있을 때

▶ 머리에서 발끝까지 스캔하며 가장 강한 에너지를 느껴봅니다.
▶ 그 에너지를 느껴보면 그 에너지의 회전 방향과 색상이 있음을 발견하게 됩니다.
▶ 회전 방향과 색상을 더 강하게 하고 더 진하게 하여 느끼는 감정과 연관되어 있는지를 확인합니다.
▶ 주관적 몰입을 벗어난 후 의식적으로 똑같은 부위의 에너지, 방향, 색상을 작동시켜 그 감정이 일어나는지 확인합니다.
▶ 상대를 만나기 직전, 또는 상대를 만났을 때, 필요하다고 느낄 때마다 의식적으로 작동시키면서 상대와 함께하도록 합니다.

강렬한 촉각적 자극

상대와의 스킨십으로 인한 강렬한 자극:

마음의 감각
관련된 장면을 떠올리면 떠오르는 이미지
시각적 장면:
청각적 소리:
촉각적 느낌:

몸의 감각
감각적 민감성을 발휘하여 몸의 감각을 스캔
시각적 요소:
청각적 요소:
촉각적 요소:

3. 권태기를 방어하는 감정

커플을 위한 매직 세 번째로 권태기를 방어하는 감정입니다.
이것만 있으면 권태기는 없다고 생각하는 것,
이것만 있으면 권태기를 방어할 수 있다 생각하는 것,
이것만 있으면 권태기를 뚫을 수 있다 생각하는 것 등
개인에 맞는 질문을 선택해 '이것'이 무엇인지 발견하시기 바랍니다.
또는 커플을 위한 매직 첫 번째나 두 번째의 답이 나온다고 해도
좋습니다. 자신에게 그것이 최고로 작동한다면 말이죠.
다른 사람이 특별한 반응을 보이지 않는다고 해도 나에게 최고로
작동한다면 그것이 해답이고 정답입니다.
나에게 없었던 감정
나에게 필요한 감정
나에게만 최고로 존재하는 감정
그것으로 인해 내 몸이 강렬하게
작동하는 나만의 감정을 찾으시면 됩니다.
남들이 생각하기에 변태 같다고 생각하는 것이라 해도 상관없습니다.
남들은 알지 못하며 오직 자신만이 느끼는 감정이기 때문입니다.
자신이 느꼈던 그 특별한 감정이 절정에 있을 때

- 머리에서 발끝까지 스캔하며 가장 강한 에너지를 느껴봅니다.
- 그 에너지를 느껴보면 그 에너지의 회전 방향과 색상이 있음을 발견하게 됩니다.
- 회전 방향과 색상을 더 강하게 하고 더 진하게 하여 느끼는 감정과 연관되어 있는지 확인합니다.
- 주관적 몰입을 벗어난 후 의식적으로 똑같은 부위의 에너지, 방향, 색상을 작동시켜 그 감정이 일어나는지 확인합니다.
- 상대를 만나기 직전, 또는 상대를 만났을 때 등 필요하다고 느낄 때마다 의식적으로 작동시키면서 상대와 함께하도록 합니다.

권태기를 방어하는 감정

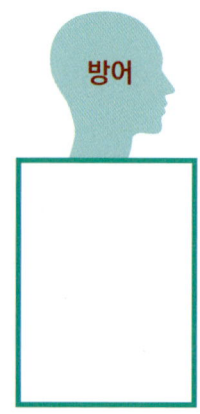

권태기를 방어하는 감정:

마음의 감각
관련된 장면을 떠올리면 떠오르는 이미지
시각적 장면:
청각적 소리:
촉각적 느낌:

몸의 감각
감각적 민감성을 발휘하여 몸의 감각을 스캔
시각적 요소:
청각적 요소:
촉각적 요소:

부부를 위한 매직

많은 부부를 상담하면서 많은 상담의 이슈를 접합니다.
이유도 없거나 아주 사소한 일에 극단적인 반응을 보이기도 합니다.
애증은 없지만, 애정도 없는 결혼 생활
결혼 4년 차에 섹스리스 부부
결혼 3년 차에 스킨십이 전혀 없는 부부
예전 같지 않다는 것을 인지하는 부부
예전 설렘을 다시 느꼈으면 하는 부부 등
부부 관계의 긍정적 변화가 필요로 하는 부부라면 매직이 필요합니다.
결혼의 전단계로 신혼, 더 전 단계로는 연인의 마음이 있었고 설렘, 만족감, 충만함, 짜릿함, 열정, 친밀감, 안정감 등 각자마다 수많은 사랑의 마음들이 있었습니다.
다시 그때로 시간을 돌릴 순 없지만, 마음을 돌릴 순 있습니다. 이럴 땐 연인들을 위한 매직이 필요합니다.

1. 흥분되는 감정

부부 상담을 하다 보면 30대, 20대 섹스리스 부부들을 어렵지 않게 접합니다. 한쪽이 거부하거나, 한쪽이 거부해서 하지 않거나, 둘 다 마음이 없는 등이 있습니다.
1달에 1번 갖는 부부 관계의 날짜가 다가오면
1주일 전부터 몸이 무거워지고 아파지기 시작하며 예민해진다고 합니다. '아내의 샤워하는 소리만 들어도 무섭다'는 말이 무슨 말인지 이제는 알겠다고 합니다. 내가 내 몸을 만져도 느낌이 있는데, 파트너가 내 몸을 만지면 느낌 자체가 없다고 하니 참으로 안타까울 뿐입니다.

우선은 활력이 넘쳐야 합니다.
기운이 있어야 하기 때문입니다.
그러나 바로 흥분할 수 있는 감정에 빠질 수 있다면 어떤 감정을 선택해도 무방합니다. 각자의 흥분 포인트나 패턴은 다 다르기 때문입니다. 스스로가 흥분되는 포인트를 안다면 그것을 바로 적용하면 됩니다. 연인과는 달리 부부 상담을 하다 보면 흥분되는 에로틱한 감정을 모르겠다거나 잊어버렸다고 하는 경우가 종종 있습니다.
그럴 땐 부부의 서운함이 있을 수 있어 따로 진행하기도 하는데 좋아하는 배우나, 가상의 인물, 예전의 경험 등을 활용합니다. 이론이나 옳고 그름을 따지며 고상함이 중요한 것이 아닙니다. 마음이 없고 감정이 없는데 관계를 개선하고 해결하고 싶은 부분을 방치할 순 없습니다. 특히나 커플 디브리퍼는 고객이 해결하고 싶은 부분을 해결하는 것이 최우선이기 때문입니다.

물론 상대에 대한 감정에서 자원을 찾는 게 좋습니다만, 다른 부분에서 찾는다고 해도 상대에게 적용하면 그 감정은 섞이게 됩니다. 자신이 느끼는 강력한 최고의 감정이 파트너와 연결됩니다.

흥분 감정

성적으로 흥분되는 감정:

마음의 감각
관련된 장면을 떠올리면 떠오르는 이미지
시각적 장면:
청각적 소리:
촉각적 느낌:

몸의 감각
감각적 민감성을 발휘하여 몸의 감각을 스캔
시각적 요소:
청각적 요소:
촉각적 요소:

2. 성적 쾌감을 극치로 올리기

억대 연봉을 받는 남성의 1달 용돈이 30만 원이라는 고객이 있었습니다. 품위 유지비는커녕 자기 밥값 하기에도 빠듯한 돈이라 주변 지인들에게 많은 논란이 되고 있다고 합니다.
"어떻게 그 돈으로 생활하냐?"
"와이프가 너무한 게 아니냐?"
"네가 남자냐?"는 등등으로 말이죠.
그런데 그 남성은 너무하다는 생각이 들기도 하지만 불만은 없다고 합니다. 이유는 '6년 동안 지속되고 있는 환상적인 밤'을 보내고 있기 때문이라 합니다. 불만이 있다가도 밤이 되면 불만이 사라지고 이보다 더한 천국은 없답니다.
부부가 이혼하는 1순위인 '성격 차이'는 '성적 차이'라고 할 정도로 중요시됩니다. 결혼을 망설이게 하고 연인 사이의 관계에도 지대한 영향을 끼칩니다. 부부 관계에서 가장 중요하다고 하는 지향성까지도 영향을 줍니다.
감정은 이성적이거나 이론이 아닙니다.
체험이며 공감이고 정서적 느낌입니다.
특히 부부에게는 인간의 본능, 둘만의
성적 욕구를 채우는 것이 중요합니다.
누구도 채워줄 수 없는 부부만이 가능한 영역이기 때문입니다.
최대한 감각적 민감성과 상상력을 발휘하시길 바랍니다.

방법은 크게 2가지로

부부 관계를 맺으며 성적 쾌감이 극치로 올랐던 감각을 끄집어내거나. 부부 관계 중 성적 쾌감이 극치일 때 그 감정을 알아차리고 몸의 패턴을 알아내는 것입니다.

이러한 몸의 패턴을 알아낸다면 부부 관계를 시작하기 전 감정을 작동을 시켜 성적 쾌감을 극치로 올린 상태에서 관계를 맺으며 감각을 선순환하면 됩니다.

그러면서 발생하는 성적 쾌감의 극치를 계속해서 업그레이드하며 2가지 이상 몸의 패턴을 발견한다면 상황과 원하는 감각을 의도할 수 있습니다. 이제껏 알지 못했던 천국을 경험하기를 바랍니다. 천국을 부부의 침실로 가져올 수 있습니다.

성적 쾌감 극치로 올리기

성적 쾌감의 극치:

마음의 감각
관련된 장면을 떠올리면 떠오르는 이미지
시각적 장면:
청각적 소리:
촉각적 느낌:

몸의 감각
감각적 민감성을 발휘하여 몸의 감각을 스캔
시각적 요소:
청각적 요소:
촉각적 요소:

3. 권태기를 방어하는 지향성

부부라는 쌍은 개인이 만나 합해진 관계입니다.
필요에 따라 개인의 욕구와 함께하는 욕구를 구분하여 채우는 것이 중요합니다. 개인이 느끼는 지극히 개인적인 주관적 느낌을 찾는 것과 함께하는 지향성(가치관) 2가지를 다 활용할 수 있다면 금상첨화입니다.

함께하는 5가지의 지향성
1. 성공 지향: 목표 달성과 성공을 달성하는 데 가장 큰 가치관
2. 생활 지향: 평화로운 생활을 우선시하는 가치관
3. 가족 지향: 가정이 주는 안정감을 가장 중요하게 생각하는 가치관
4. 관계 지향: 좋은 사람들과 어울리며 행복한 삶을 사려는 가치관
5. 쾌락 지향: 삶을 즐기는 게 최고라는 가치관

각자 어떤 지향성을 가지고 있는지,
서로 다른 지향성을 가지고 있다면 지지와 격려는 하되
서로 합의된 공통된 지향성의 비중을 가장 크게 두어야 합니다.

개인이 필요한 상대에게 느끼는, 느꼈던, 느끼고 싶은 개인의 감정적 욕구나 서로가 추구하는 지향성에서 얻게 되는 충만한 감정적인 몸의 반응을 찾으시길 바랍니다.
평상시에는 매직 1번과 매직 3번을 의도적으로 사용함으로써
활기찬 상태나 충만한 상태에 머무르도록 합니다. 밤에는 매직 2번으로 천국을 당겨 부부의 침실에 머물도록 합니다.

권태기를 방어하는 지향성

권태기를 방어하는 지향성:

마음의 감각
관련된 장면을 떠올리면 떠오르는 이미지
시각적 장면:
청각적 소리:
촉각적 느낌:

몸의 감각
감각적 민감성을 발휘하여 몸의 감각을 스캔
시각적 요소:
청각적 요소:
촉각적 요소:

커플 커뮤니케이션 맺음말

상담이나 프로그램을 끝내고 가장 많이 받는 질문은
'이 프로그램을 받고도 연인이 안 된 커플이 있나요?',
'이 프로그램을 받고도 결혼 안 한 커플이 있나요?',
'이 프로그램을 받고도 헤어진 커플이 있나요?' 등을 듣곤 합니다. 커플 차트 프로그램에 참여하게 되면 무조건 연애와 결혼은 할 수 있다며 프로그램에 참여하려는 커플, 예비부부, 부부들이 많습니다만 프로그램에 참여하려는 참여자의 마음에 이미 풍요로운 사랑의 감정이 있기에 가능한 일입니다.
커플 차트, 커플 카드, 커플 파일, 커플 플랜, 커플 매직, 커플 커뮤니케이션 등을 통해 인지하고 표현하며 헌신하는 자연스러움과 노력이 있기에 가능했습니다.
커플 차트 프로그램은 커플을 도와드리는 프로그램입니다.
노력하지 않고 자연스럽게 풍요로운 사랑을 함께하게 하거나
자연스러운 풍요로운 사랑을 위해 노력하게 하는 프로그램입니다. 당신이 이미 가지고 있는 풍요로운 사랑을 프로그램을 통해 함께하며 확장하시기 바랍니다.